KB195891

세상 친절한 세금 수업

세상 친절한 세금 수업

오늘부터 시작하는 인생 첫 세금 가이드북

김현주 지음

미래의창

세금을 알아야
금융을 보는 눈이 트이는 법

저는 세금 전문가인 세무사입니다. 그런 저에게도 세금은 계속 공부해야 하는 숙제예요. 늘 변화무쌍하고, 어떻게 검토하느냐에 따라 금액이 천차만별로 달라지기도 하거든요. 일반인인 여러분이 세금 이야기를 들으면 답답해지는 것도 어쩌면 당연한 일입니다. 어디서부터 공부해야 할지 좀처럼 감을 잡을 수가 없으니까요. 그래서인지 세금을 낼 때마다 '돈을 뜯기는' 기분도 들죠. 왜 내야 하는지도 모른 채 (어쩌면 내는 줄도 모른 채) 내는 경우도 많고요.

세무사로 일하다 보면 희한한 광경을 자주 목격하게 됩니다. 같은 돈을 벌어도 누구는 세금을 더 내고, 누구는 세금을 덜 내거든요. 분명 같은 주택을 파는데도 한 사람은 산더미 같은 세금을 내고, 다른 사람은 티끌 같은 세금을 내기도 해요. 이처럼 세금 제도는 법적으론 누구에게나 동일하게 적용되지만, 제도의 구석구석에 들어있는 혜택은 '잘 아는 사람'만의 몫입니다. 가끔 "세금을 내야 하는지 몰라서 안 냈을 뿐인데, 봐주는 거 없나요?" 하고 질문하는 분도 있어요. 하지만 '몰라서 대비를 못 했다'는 이유로 세금이나 가산세를 깎아줄 수는 없습니다. 우리가 세금을 알아야 하는 이유가 여기에 있죠.

세무사인 저처럼 조목조목 공부할 필요는 없지만 기본적인 세금 상식은 꼭 숙지해야 합니다. 세금은 태어나서 죽을 때까지 우리 삶에 늘 함께하는 존재이기 때문이에요. 뭔가를 살 때마다 부가가치세를 내고, 열심히 돈 벌어서 소득세도 내고, 가족들과 돈을 주고받으며 증여세를 냅니다. 재산을 남기고 죽으면 남은 가족들이 상속세도 내야 합니다. 더 일상적인 영역으로 들어가볼까요? 세금을 알면 직장에서 급여를 받을 때도 '내가 세후로 받을 금액은 얼마일까' 미리 확인해볼 수 있고, 뉴스와 시사 상식을 똑똑하게 이해할 수 있고, N잡이나 창업을 고려할 때도 훨씬 덜 막막하게 시작할 수 있어요. 집을 사거나 팔 때도 가장 손해를 덜 보는 선택을 할 수 있고, 물려받거나 물려줄 재산이 있을 때도 미리미리 대비할 수 있습니다.

이 책은 세금의 시옷도 모르는 분들을 위한 첫 수업 같은 책입니다. 매년 연말정산을 할 때마다 당최 계산이 어떻게 이뤄지는지 아리송하기만 한 분들, 뉴스에서 '금투세'나 '증여세' 같은 단어가 나오면 남의 이야기 듣듯이 대충 이해하고 넘어가는 분들이 세금을 조금이라도 덜 낯선 존재로 여겼으면 좋겠다는 마음을 담아 친절하게 썼습니다. 1장에는 우리가 내는 세금의 종류부터 소득세의 카테고리, 절세와 탈세의 차이까지 기본적인 상식들을 차곡차곡 풀어뒀어요. 2장에는 직장과 월급을 둘러싼 세금 이야기를 핵심만 꼭 잡아 추려뒀고요. 3장을 읽는다면 N잡과 사이드잡을 시작으로 프리랜서, 개인사업자, 법인사업자까지 회사 밖의 세금 세상을 폭넓게 이해할 수 있을 겁니다.

4장에는 주식, 비트코인, 연금계좌, ISA 등 투자와 관련된 세금 상식을 기초부터 담았습니다. 특히나 절세 투자에 입문하고 싶은 초심자라면 꼭 한번 들춰보세요. 5장은 부동산을 둘러싼 세금의 구조를 파헤치는 여정입니다. 종부세 논란은 물론이고 내 집을 구매할 때 유의할 점들까지 알차게 모았어요. 6장에선 아무도 안 가르쳐주는 증여와 상속 이야기를 찬찬히 풀었습니다. 증여와 상속은 이제 마냥 부자들만의 일이 아니에요. 시간이 지날수록 더 일상적인 문제로 자리 잡을 테니, 늦기 전에 '노베이스'를 탈출해야 합니다.

앞서 말했듯 세금은 좋든 싫든 우리의 삶에 공기처럼 평생 함께 합니다. 그러니 세금을 아는 일이 곧 경제와 금융을 이해하는 첫 걸음이 돼요. '뱁새가 황새 따라가다 다리가 찢어진다'는 말을 들어본 적 있죠? 전설 속 큰손들을 따라 무작정 과감한 재테크에 뛰어들기보단, 먼저 내 템포와 보폭에 맞춰 차근차근 날아오르는 슬기로운 뱁새가 되어봅시다. 그러려면 내 주머니를 지켜주는 세금 공부가 필수예요. 공부하면 할수록 손해를 막아주고, 활용하면 할수록 이 각박한 세상에서 한몫을 챙기는 쏠쏠한 도구가 되어주거든요.

세금은 언제나 대비하는 자의 편입니다. 이 책을 통해 일상에 깃든 세금 상식을 체득하고, 필요할 때 요긴하게 꺼내 써보자고요.

차례

1장

피가 되고
살이 되는
세금 기초
다지기

나는 어떤 세금을
얼마나 내면서 살고 있을까?

세금의 종류

여기 평범한 사회초년생 김성실 씨가 있습니다. '열심히 일한 자, 떠나라!'가 모토인 성실 씨의 취미는 주말에 짧은 여행을 다녀오는 것. 이번 주말에도 성실 씨는 단짝 친구와 함께 동해 여행을 떠났습니다. 운전을 맡은 친구를 위해 졸음 방지 껌 한 통을 사서 출발했고, 주유소에 들러 기름도 빵빵하게 채웠습니다. 동해에 도착하고서는 해변을 산책한 뒤 소주를 몇 잔 기울이며 밤새 수다를 떨었죠.

물론 휴일은 쏜살같이 지나가는 법. 월요일 아침, 성실 씨는 다시 대중교통에 끼어 출근길에 올랐습니다. 회사 앞 카페에서 1,500원짜리 아메리카노도 한 잔 샀고요. 업무 시간 틈틈이 주식 앱을 새로그침하며 관심 가는 종목의 주가를 확인하고, 이사 계획을 세울 겸 전세 보증금 대출 정보를 검색하다 보니……. 어느덧 점심시간이 다가왔습니다.

성실 씨의 평범한 하루, 꼭 우리네 모습 같죠? 하지만 이렇게 평범한 일상 곳곳에도 세금은 옹기종기 숨어있습니다. 껌을 살 때도, 주유를 할 때도, 술을 마실 때도, 커피를 수혈할 때도, 주식을 팔 때도, 대출을 받을 때도 우리는 늘 조금씩 세금을 냅니다. 그런데도 평소에 그 사실을 전혀 인지하지 못하는 이유는 국세 중에서 '간접세'의 성격을 띠는 것이 있기 때문입니다. 간접세는 말 그대로 간접적으로 부가되는 세금이에요. 가령 껌이나 소주의 가격에는 이미 세금이 포함되어 있어요. 우리는 소주 한 병을 살 때마다 세금도 함께 지불하는 셈이죠.

세금이라 해서 전부 다 같은 세금은 아닙니다. 자세히 들여다보면 생각보다 훨씬 다양한 세목(세금의 상세한 항목)이 존재합니다. 크게는 두 종류로 나뉘는데, 국가에 내는 세금인 '국세'와 서울시, 경기도 같은 지방자치단체에 내는 세금인 '지방세'예요.

자, 세금 수업을 위한 워밍업 시간입니다. 세금의 기본 카테고리부터 내가 내는 세금은 대체 어디에 쓰이는지까지 한 방에 알아볼까요?

우리나라 세금의 종류

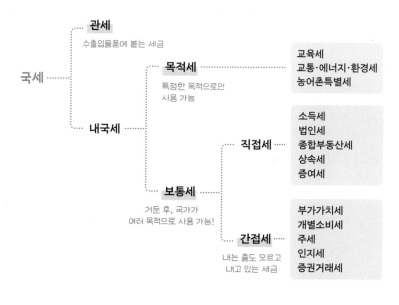

국세

- **관세**
  수출입물품에 붙는 세금
- **내국세**
  - **목적세**
    특정한 목적으로만
    사용 가능
    - 교육세
    - 교통·에너지·환경세
    - 농어촌특별세
  - **보통세**
    거둔 후, 국가가
    여러 목적으로 사용 가능!
    - **직접세**
      - 소득세
      - 법인세
      - 종합부동산세
      - 상속세
      - 증여세
    - **간접세**
      내는 줄도 모르고
      내고 있는 세금
      - 부가가치세
      - 개별소비세
      - 주세
      - 인지세
      - 증권거래세

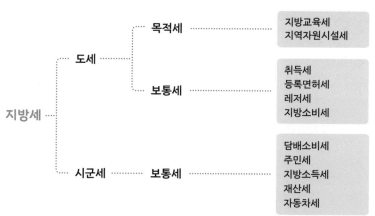

지방세

- **도세**
  - **목적세**
    - 지방교육세
    - 지역자원시설세
  - **보통세**
    - 취득세
    - 등록면허세
    - 레저세
    - 지방소비세
- **시군세** — **보통세**
  - 담배소비세
  - 주민세
  - 지방소득세
  - 재산세
  - 자동차세

국가에 내는 돈, 국세

국세의 세목은 총 14개입니다. 이 중 외국에서 물품을 수입할 때 붙는 세금인 관세를 제외하면 모두 내국인의 소득이나 거래에 대해 붙는 세금인 내국세예요. 내국세는 '보통세'와 '목적세'로도 분류가 가능합니다. 보통세로 걷은 세금은 국가가 다양한 용도로 두루두루 사용할 수 있는 세금인 반면, 목적세는 반드시 용도에 맞게 사용해야 하죠. 가령 교육세는 교육만을 위해, 교통·에너지·환경세는 교통시설의 확충과 환경의 보전 등을 위해, 농어촌특별세는 농어촌 발전을 위해서만 사용할 수 있어요.

목적세를 항목별로 살펴볼게요. 교통·에너지·환경세는 휘발유, 경유 등을 주유할 때 내는 세금이고, 교육세는 교육에 필요한 돈을 만들기 위해 걷는 세금인데요. 교육세는 특정한 물건이나 행동에 붙는 게 아니라 다른 세금에 함께 청구되는 방식으로 거둬집니다. 대표적으로는 술값에 붙어있는 주세의 일정 비율이 교육세로 사용돼요. 우리가 술을 마실 때 내는 세금 중 일부가 학생들의 교육에 쓰이는 겁니다. 또 농어촌특별세는 농어업의 경쟁력을 강화하기 위해 거둬들이는 세금인데, 교육세와 마찬가지로 다른 세금의 일정 비율로 매겨져요.

보통세는 우리 일상 어디에나 존재해요. 앞서 만났던 김성실 씨의 일상만 봐도 그렇죠. 열심히 일해 월급을 받는 순간! 개인의 소득에 매기는 세금인 소득세를 내게 됩니다. 반면 부가가치세는 내는 줄도 모르고 내는 세금에 가까워요. 물건이나 서비스를 거래하는 과정에서 발생하는 부가적인 가치에 대해 매기는 세금입니다. 성실 씨는 졸음 방지 껌 한 통, 회사 앞 카페에서 아메리카노 한 잔을 사면서 성실히 부가가치세를 납부했네요.

성실 씨가 앞으로 내야 할 세금도 많아 보입니다. 업무 시간 틈틈이 주식 앱을 들여다보다 갖고 있던 종목을 팔게 된다면, 주식을 거래할 때 내는 세금인 증권거래세를 납부하게 됩니다. 일도 투자도 열심히 해낸 자신에게 고급 시계나 가방을 선물하는 순간이 오면 개별소비세를 지불할 거예요. 개별소비세는 일종의 사치세에 해당하는 개념입니다. 특정한 물품을 사거나 특정한 장소에 들어가는 행위, 특정한 장소에서의 유흥음식행위나 영업행위 등에 대해 내는 세금이에요. 예컨대 보석이나 고급 시계, 고급 가방을 살 때 개별소비세가 붙습니다. 골프장에 입장할 때도 마찬가지예요. 예전에는 스키장, 심지어 목욕탕에 갈 때도 개별소비세를 내야 했지만 시간이 흐르면서 제외되었죠.

성실 씨가 안정적인 주거 환경을 위해 부동산을 구입한다면, 그리고 그 부동산의 가치가 상승 기류를 탄다면! 종합부동산세를 내게 될지도 몰라요. 미디어에서 자주 보이는 '종부세'의 정체가 바로 이 종합부동산세입니다. 9억 원 이상의 주택 등 고액의 부동산을 보유한 사람에게만 매기는 세금이죠.

주택, 토지 등 부동산과 관련해 자주 언급되는 세금 항목이 또 있습니다. 상속세와 증여세예요. 상속세는 사망으로 인해 남겨진 재산을 받을 때 내는 세금이고, 증여세는 누군가에게 재산을 무상으로 받을 때 내는 세금이에요. 둘 모두 자산을 공짜로 얻을 때 내는 세금이라는 공통점이 있지만, '자산을 주는 사람'이 살아있는지 아닌지가 결정적인 차이고요.

국세의 나머지 항목인 인지세와 법인세는 언뜻 우리 일상과 거리가 있어 보이지만 꼭 그렇지만도 않아요. 인지세는 재산에 대한 권리를 다루는 계약서 등을 작성할 때 내는 세금입니다. 문서에 대한 세금이라고도 하는데요. 표준국어대사전에 따르면 인지란 '수수료나 세금 등을 낸 것을 증명하기 위해 서류에 붙이는 종이 표'예요. 계약서를 작성한 후 인지세까지 납부해야 계약의 효력이 완성되는 셈이죠. 내 월급이 차곡차곡 쌓이는 통장을 개설할 때도 내는 세금이에요. 우리가 흔히 사용하는 상품권에도 인지세가 포함되어 있고요!

법인세는 법인의 소득에 매기는 세금입니다. 참고로 법인은 '법률에 의해 권리와 의무를 얻은 집단'을 의미해요. 우리가 다니는 회사도 알고 보면 법인인 경우가 많을 거예요. 개인이 소득세를 내듯이, 법인도 어떤 소득이든 소득이 생기면 세금을 내야 합니다.

지방자치단체에 내는 돈, 지방세

지방세의 종류는 국세보다 조금 적은 11개입니다. 크게는 도세와 시군세로 나눠져요. 도세에는 다시 6개의 하위 항목이, 시군세에는 5개의 하위 항목이 있습니다. 지방세의 특징은 해당 세금이 내가 사는 지방자치단체의 금고로 모인다는 거예요. 예컨대 서울시에 거주하는 제가 지방세를 내면, 저의 납부액은 오롯이 서울시의 운영과 발전을 위해서만 사용된답니다.

도세에 포함되는 세금으로는 부동산, 자동차, 요트 등을 취득할 때 내는 세금인 취득세와 말 그대로 등록을 하거나 면허를 받을 때 내는 세금인 등록면허세가 있습니다. 만약 성실 씨가 사이드잡으로 스마트스토어를 열게 된다면, 통신판매업자로 '등록'을 하고 등록면허세를 내게 됩니다. 물론 저도 세무사로 등록하면서 이 세금을 냈고요.

다른 도세 항목으로는 레저세가 있어요. 모터보트 경주를 하는 경정장이나 말이 달리는 경마장(경마공원), 자전거 경기로 승부를 보는 경륜장의 티켓에 붙는 세금이죠. 원래는 경마장 마권에만 매겨지던 세금이라 '마권세'라는 이름으로 운영되었는데, 시간이 지나며 경정장과 경륜장의 티켓으로도 영역을 넓혔답니다.

지방소비세는 국세인 부가가치세 중 25.3%를 떼어다 쓰는 세금입니다. 이건 지방자치단체의 재정 운영을 도와주기 위해 2010년에 신설된 항목이에요. 국민들이 부가가치세를 내고 나면, 그중 25.3%가 지방소비세로 분류되어 17개 광역자치단체에 전달되는 방식입니다.

지방교육세도 앞서 살펴본 국세 속 교육세처럼 등록면허세와 레저세의 일부를 가져가 사용되는 목적세예요. **지역자원시설세**도 마찬가지로 목적세인데, 수질개선이나 소방시설 등 지역의 공공시설에 필요한 비용을 충당하기 위해 부과됩니다. 건물을 가진 사람, 선박을 가진 사람, 부산에서 컨테이너를 입출항하는 사람이나 지하수를 캐는 사람들이 내는 세금이에요.

시군세 중 대표 주자로는 **담배소비세**가 있습니다. 이건 말 그대로 담배를 살 때 자동으로 납부하는 세금이에요. 구체적인 금액을 말해보자면, 담배 20개비가 들어있는 궐련 한 갑(4,500원)을 살 때 소비자는 담배소비세 1,007원을 내게 됩니다. 물론 다른 세금과 부담금들은 별도고요.. 하루에 한 갑을 피우는 경우 1년(365일)에 무려 121만 원가량의 세금과 부담금을 내게 된답니다.

또 다른 시군세인 **주민세**는 해당 지역에 거주하거나 해당 지역에서 사업을 한다는 이유로 내는 세금입니다. 지방소득세는 법인이나 개인의 소득에 대해 납부하는 세금이에요. 법인세·소득세를 낼 일이 있을 때, 해당 세금의 10%만큼 추가로 납부하게 됩니다. 소득세가 대한민국의 금고로 들어간다면 지방소득세는 내가 속한 지방자치단체의 금고로 들어갑니다. 회사에 다니는 분들이라면 급여명세서에서 소득세의 10%에 해당하는 '지방소득세' 항목을 발견할 수 있을 거예요. 만일 내가 내야 할 소득세가 5,590원이라면, 그 10%인 지방소득세는 원 단위를 버린 550원이 되는 식입니다.

재산세는 매년 6월 1일에 주택, 건축물, 토지, 선박 등의 재산을 보유한 사람에게 매기는 세금이에요. 주택에 대한 고지서는 7월과 9월에 날아오지만 기준점은 6월 1일이라서, 만약 6월 2일에 재산을 처분했더라도 그 해의 재산세는 내야 합니다. (특이하지 않나요? 재산세에 대해서는 뒷장에서 더 자세히 다뤄볼게요.) 자동차세는 말 그대로 자동차를 소유한 법인과 개인에 매기는 세금입니다.

도세와 시군세로 거둬들인 세금은 각각 '도'와 '시군'에 나눠서 전달됩니다. 가령 여러분이 경기도 성남시에 산다면? 여러분이 내는 취득세(도세)는 경기도의 예산이 되고, 주민세(시군세)는 성남시의 예산이 되는 거예요.

그렇다면 이 많은 세금 중에서 가장 쏠쏠하게 걷히는 세금은 뭘까요? 2024년 기준, 우리나라 연간 국세 수입 337.7조 원 중 34%를 차지한 것은 바로 '소득세(115.8조 원)'였습니다. 그 뒤가 '부가가치세(83.7조 원)'로 24%, '법인세(63.2조 원)'가 18%였고요. 이 셋을 합치면 무려 264.3조 원인데, 이건 국세 전체의 78%에 해당하는 수치입니다. 대한민국 운영비의 78%가 소득세와 부가가치세, 법인세에서 오는 거예요.

국민들에게 어떻게 돈을 걷고, 그 돈을 어떻게 잘 써볼지를 고민하는 곳은 기획재정부라는 행정기관입니다. 기획재정부가 교육부, 국방부 등의 중앙관서에 '이런 식으로 예산 한번 짜보세요!' 하고 예산안 편성지침을 주면, 각 중앙관서는 기획재정부에 '짜봤더니 이만큼 돈이 필요해요'라며 요구서를 보내요. 이 과정을 바탕으로 기획재정부는 예산안을 편성하고 국회에 제출하게 됩니다.

예산의 분야는 총 16개로 나뉘어요. 즉 대한민국 가계부엔 16개의 지출 카테고리가 존재하는 겁니다. '공공질서 및 안전'부터 '교육', '문화 및 관광', '사회복지', '과학기술'까지 다양한 분야가 있는데, 이 중 가장 많은 세금을 가져가는 분야는 바로 사회복지입니다. 공적연금·주택·고용·노인·기초생활보장·노동 등을 아우르면서 전체 세금의 34.1% 정도를 사용하죠. 그 다음이 일반행정(16.8%), 다시 그 다음이 교육(13.7%), 국방(8.7%), 산업·중소기업 및 에너지(4.3%) 등입니다.

내가 열심히 낸 세금이 어떤 분야에 얼마만큼 쓰이는지 궁금하다면, 열린재정 홈페이지openfiscaldata.go.kr를 참고해보세요.

소득 가는 곳에 세금도 간다!
내가 내는 소득세는 어떻게 정해지는 걸까?
소득세의 세계

여러분의 주 수입원은 무엇인가요? 월급, 알바비, 이자나 배당금, 주식으로 창출하는 이익……. 외에도 정말 무궁무진한 소득이 있겠죠! 이번에는 이렇게나 다양한 소득을 한번 세금계의 언어로 술술 풀어 이야기해볼까 합니다.

세법에서 정의하는 개인 소득의 종류는 크게 8가지예요. 직장에서 열심히 일해서 받는 돈은 '근로소득'이고, 프리랜서 일을 통해 얻는 돈은 '사업소득'입니다. 예·적금을 들 때 조금이라도 이자율이 높은 상품을 찾아본 적 있죠? 그렇게 받는 이자도 소득 중 하나인 '이자소득'이에요. 1주라도 주식을 갖고 있으면 증권사에서 '배당소득'을 건네주고, 1년 이상 한 회사에서 근무하다 퇴사하면

소득의 종류는 크게 8가지!

이자소득	저축에 붙는 이자
배당소득	투자를 하고 그 대가로 얻는 배당금
사업소득	사업을 하면서 벌어들이는 돈
근로소득	직장에서 일해서 받는 돈
연금소득	꾸준히 입금되는 연금
기타소득	복권, 상금, 포상금 등 갑자기 발생한 소득
퇴직소득	퇴사할 때 받는 돈(퇴직금)
양도소득	집이나 주식을 팔고 그 대가로 얻는 돈

'퇴직소득'을 얻어요. 집이나 주식을 팔아서 생긴 돈은 '양도소득'이라 합니다. 5년 이상 돈을 납입해 55세 이후부터 연금을 수령하는 분들은 '연금소득'이 있는 거예요. 물론 우리 모두의 꿈인 복권에 당첨되는 것도 '소득이 발생'하는 일입니다(이런 우발적인 소득은 '기타소득'이라고 불러요).

소득이 있는 곳엔 반드시 세금이 따라옵니다. 8개나 되는 소득별로 세금을 매기는 방법과 떼어가는 날짜가 제각각이라면 세금을 내는 사람도, 걷는 사람도 너무 복잡하고 힘들겠죠? 그래서 소득세는 크게 세 가지 방식으로 매겨집니다. 첫째는 '종합과세', 둘째는 '분리과세', 셋째는 '분류과세'예요. 종합과세는 여러 소득을 합쳐서 한번에 세금을 따져보는 방식인데요. 8가지의 소득 중 이자·배당·사업·근로·연금·기타 6개 소득이 종합과세의 대상입니다. 예컨대 직장인 A씨가 부업에 대성공해 사업소득을 수령하게 되었다면, 근로소득과 사업소득을 합한 금액에 대해 세금을 책정하는 거예요. 이럴 땐 다니는 직장에서 연말정산을 먼저 하고(1차적으로 소득 확정), 추후 사업소득을 더해 종합소득세 신고를 다시 하게 됩니다(최종적으로 소득 확정). 종합소득세 신고는 1월 1일부터 12월 31일까지 매년의 소득에 대해, 다음 해 5월에 신고합니다. 즉 지난 1년간의 소득이 얼마였는지를 알알이 따져보고 세금을 계산하는 구조예요.

들어만 봤던 소득공제, 그리고 누진세 이해하기

물론 내가 벌어들인 돈 전체에 대해 세금을 매기는 건 아닙니다. 그랬다간 우리 모두의 지갑이 한껏 날씬해지겠죠? 일을 하고 급여를 받았다면 '근로소득공제'라는 기본 혜택을 누릴 수 있어요. 이건 '열심히 일했으니, 일정한 금액에 대해선 세금 내지 않아도 돼!' 하고 나라에서 제외해주는 금액이에요.

세상 친절한 세금 수업

사업으로 돈을 벌었다면 '필요경비'를 인정받을 수도 있습니다. 필요경비는 사업을 진행하며 꼭 필요한 일에 쓴 돈입니다. 맨바닥에 사업장을 차릴 순 없잖아요. 예컨대 문구점을 운영한다면 상품들을 진열할 매대도 사야 하고, 전기요금도 납부해야 하고, 건물주인에게 월세도 꼬박꼬박 보내야겠죠. 근로소득공제와 마찬가지로 필요경비에 대해선 세금을 내지 않아도 괜찮습니다. 이렇게 '총수입금액'에서 사업을 진행하며 쓴 필요경비를 빼고 남은 금액을 '소득금액'이라고 불러요. 이 소득금액을 바탕으로 세금을 부과하기 위한 나만의 기준 금액을 만들게 되는데, 그 금액이 바로 '과세표준'입니다.

종합소득세 세율과 과세표준, 한눈에 보기

과세표준	세율	누진공제
1,400만 원 이하	6%	-
1,400만 원 초과~5,000만 원 이하	15%	126만 원
5,000만 원 초과~8,800만 원 이하	24%	576만 원
8,800만 원 초과~1억 5,000만 원 이하	35%	1,544만 원
1억 5,000만 원 초과~3억 원 이하	38%	1,994만 원
3억 원 초과~5억 원 이하	40%	2,594만 원
5억 원 초과~10억 원 이하	42%	3,594만 원
10억 원 초과	45%	6,594만 원

과세표준에 세율을 곱하면 내가 종합소득세로 내야 할 세금을 대략적으로 알 수 있어요. 세율은 나라에서 '이만큼의 순이익이 생겼다면, 세금은 순이익의 ○%만큼 내달라'고 법으로 정해둔 숫자입니다. 사람마다 벌어들이는 돈이 다르니 과세표준도 저마다 다르기 마련이지만, 같은 과세표준 구간에 속하는 사람들끼리는 동일한 세율을 적용받아요. 이런 상황에서 종합소득세를 어떻게든 똑똑하게 덜 내기 위해 우리가 해야 할 일은 각종 세금 혜택을 잘 찾아내서 과세표준과 세금을 낮추는 겁니다.

참, 소득세를 이해할 때 빼놓을 수 없는 존재가 또 하나 있습니다. 바로 누진세입니다. 우리나라 소득세는 누진과세(누진세)의 방식을 취해요. 세금을 차곡차곡 쌓아서 계산한단 뜻이죠. 가령 1,400만 원까지의 과세표준에 대해서는 6%의 세율을 적용하고, 1,400만 원 초과부터 5,000만 원의 과세표준에 대해서는 15%의 세율을 적용하는 식이에요. 이렇게만 들으니 영 아리송하죠? 말보다는 실전이니! 짧은 예시를 통해 세금 두뇌를 활성화해 보겠습니다.

여기 요식업자 김알짠 씨가 있습니다. 사업에서 승승장구하는 알짠 씨가 벌어들인 1년 치 수익은 제법 짭짤했지만, 필요경비를 인정받고 여러 공제와 정산을 거친 끝에 과세표준은 8,000만 원으로 정리되었어요. 즉 알짠 씨는 8,000만 원에 대해서만 세금을 내면 되는 겁니다.

알짠 씨는 소득세로 얼마를 납부해야 할까요? 8,000만 원이니까, 앞 페이지에서 본 종합소득세 계산표의 세 번째 칸(5,000만 원 초과~8,800만 원 이하)에 해당하네요. 8,000만 원에 세율 24%를 곱한 1,920만 원이 아닐까요?

땡! 누진세의 존재를 늘 명심해야 합니다. 계산기를 다시 두들겨볼게요. 1,400만 원까지는 6%의 세율이 적용됩니다. 그러니 알짠 씨는 우선 1,400만 원의 6%인 84만 원을 납부해야겠죠. 다음은 세율이 15%인 1,400만 원 초과~5,000만 원 구간입니다. 1,400만 원에 해당하는 세금은 이미 계산했으니, 5,000만 원에서 1,400만 원을 뺀 3,600만 원에만 세율을 곱하면 됩니다. 540만 원이군요. 아직 멀었습니다. 5,000만 원 초과~8,800만 원 구간이 남았어요. 알짠 씨의 과세표준은 8,000만 원이 전부이니 8,000만 원에서 5,000만 원을 뺀 값인 3,000만 원에 세율 24%를 적용해야 합니다. 720만 원이죠. 자, 계산이 끝났습니다. 결론적으로 알짠 씨는 84만 원, 540만 원, 720만 원을 합한 1,344만 원을 세금으로 내야 해요.

"어유, 머리야"라는 소리가 절로 나오지 않나요? 이런 두통을 막기 위해 국세청에서 준비해주는 도구가 있습니다. 바로 누진공제표입니다. 사용법은 무척 간단합니다. 알짠 씨의 경우, 8,000만 원의 24%를 계산한 뒤(1,920만 원) 누진공제표에 적힌 금액인 576만

알짠 씨의 과세표준이 속한
세 번째 계단까지 올라가기 위해서는
차근차근히 첫 번째, 두 번째 계단을 밟아야겠죠?

과세표준 8,000만 원
알짠 씨

1억 5,000만 원 초과~3억 원
(세율 38%)

8,800만 원 초과~1억 5,000만 원
(세율 35%)

5,000만 원 초과~8,800만 원(세율 24%)
5,000만 원에 대한 세금은 아래 칸들에서 납부했으므로
(8,000-5,000) × 24% = 720만 원도 내야 함!

1,400만 원 초과~5,000만 원(세율 15%)
1,400만 원에 대한 세금은 아래 칸에서 납부했으므로
(5,000-1,400) × 15% = 540만 원도 내야 함

1,400만 원 이하(세율 6%)
알짠 씨는 **1,400만 원 × 6% = 84만 원**을 내야 함

원을 빼주면 끝이에요.

　이렇게 누진세를 적용하고 종합적으로 세금을 매기는 이유는 '소득재분배'를 위함입니다. 즉 연소득이 1,000만 원인 사람이 추가로 200만 원을 벌었을 때와 연소득이 2억 원인 사람이 추가로 200만 원을 벌었을 때, 똑같은 세금을 내는 일을 방지하려는 취지죠. 결국 소득이 많은 사람일수록 세금도 많이 냄으로써 국고를 채워주고 공공의 이익에 기여하는 구조랍니다.

소중한 퇴직금은 지켜야 하니까

한편 분리과세라는 개념도 있습니다. 말 그대로 분리해서 세금을 매긴다는 뜻입니다. 특정한 상황에선 소득이 생겨도, 종합소득세에 합쳐 신고하지 않아도 괜찮습니다. 예를 들어 이자소득과 배당소득을 합한 금액이 1년에 2,000만 원 이하라면 종합소득세로 신고할 필요가 없어요.

　연금소득 중 사적연금(퇴직연금, 연금저축)의 경우도 마찬가지입니다. 1년에 1,500만 원 이하의 연금소득을 받는 분들은 따로 종합소득세 신고를 하지 않아도 됩니다. 1,500만 원을 초과한다 해도 본인이 원한다면 종합소득세와는 별도로 신고하고, 15%라는 저렴한 세율을 적용받을 수 있어요. 복권 당첨금 역시 별도의 계산법이 존재하고요. 갑자기 얻은 수익인 기타소득금액이 연 300만 원이하인 경우에도 종합소득세와 분리해 세금을 내는 게 가능합니다. (각 소득 및 분리과세에 얽힌 이야기는 뒷장에서 자세히 풀어볼게요.)

분류과세 또한 예외적인 과세 방식인데요. 양도소득과 퇴직소득이 이 방법을 따릅니다. 좋은 예로는 퇴직금이 있어요. 퇴직금의 경우, 모을 때는 몇 년 혹은 몇십 년에 걸쳐 차곡차곡 쌓이지만 수령할 때는 단숨에 큰 금액을 얻게 됩니다. 그런데 거기에 높은 세율을 적용해버리면 기껏 모은 돈이 홀러덩 사라지고 말겠죠.

가령 직장인 김성실 씨가 10년이 넘도록 일한 끝에 퇴직금 1억 원을 수령했다고 생각해봅시다. 종합소득세 원칙에 따르면 성실 씨는 10년을 바쳐 얻은 1억 원 중 2,000만 원에 가까운 돈을 세금으로 내야만 합니다. 생각만 해도 안타깝지 않나요? 이런 상황을 막기 위해, 국세청에서도 퇴직금은 종합소득세에 합산하지 않고 별도로 분류해 계산해줍니다. 성실 씨가 돈을 얻기 위해 들인 '시간'을 고려하는 거예요. 분류과세를 할 경우, 내야 할 세금은 약 387만 원으로 줄어듭니다.

커피에는 붙고,
병원비엔 안 붙는 세금이 있다?

부가가치세

우리의 일상을 돌아볼까요? 출근길엔 부랴부랴 대중교통에 오르고, 점심시간엔 적당히 붐비지 않는 식당을 찾아 밥을 먹은 후 카페에서 맛있는 커피도 한 잔 합니다. 카페인이 들어가니 순간적으로 머리가 맑아지네요. 생필품이 똑 떨어진 게 갑자기 떠올라 얼른 주문합니다. 퇴근길엔 병원에 갔다가, 마트에 들러 저녁 식사 재료도 골라봅니다. 자! 이 모든 과정에서 우리는 열심히 세금을 납부했습니다. 세금은 무슨 세금이냐고요? 바로 '소비'에 붙는 세금, 부가가치세입니다.

여러분 가방 속에 한두 개씩 굴러다니는 영수증 있죠? 그거 한 번 꺼내보세요. 저도 손에 잡히는 대로 하나 꺼내겠습니다. 마침

예전에 커피를 사고 받은 영수증이 있네요.

커피 한 잔은 실제로 5,000원이에요. 부가가치세가 붙어 5,500원이 된 겁니다. 부가가치세의 존재를 아는 분도 있고 모르는 분도 있겠지만, 알든 모르든 우리는 항상 세금과 함께 카페인을 수혈한답니다.

그렇다면 부가가치세는 모든 영수증에 꼬박꼬박 붙어있는 걸까요? 이번에는 제가 내과에 다녀와서 확인한 영수증을 보겠습니다.

　　　　　　　　　　　　　　세상 친절한 세금 수업

두 영수증의 날짜는 동일합니다. 저는 같은 날 오후에 커피를 마시고 병원에도 갔어요. 그런데 왜 어떤 소비에는 부가가치세가 붙고, 어떤 소비에는 붙지 않는 걸까요?

부가가치세, 정체가 뭘까

우리가 물건이나 서비스를 사는 입장에는 자주 서 있었으니, 이번에는 파는 입장에 빙의해봅시다. 대한민국에서 사업을 하는 모든 사업자는 '과세' 아니면 '면세', 혹은 '과면세' 사업자예요. 과세는 국가에 부가가치세를 낸다는 뜻이고, 면세는 내지 않는다는 뜻입니다. 과면세는 반반이에요. 부가가치세를 내는 물품이나 서비스도 팔고, 내지 않는 물품이나 서비스도 판다는 의미입니다.

면세 항목이 아니라면 모든 물품(혹은 서비스)에는 부가가치세가 붙습니다. 이건 기본적으로는 사업자가 국가에 내는 세금이에요. 소규모 사업자인 간이과세자의 경우 해당 물건 가격의 1.5%~4%를, 일반과세자의 경우 10%를 세금으로 내야 합니다. 그래서 사업자들은 소비자에게 물건을 팔 때 부가가치세를 고려한 가격을 책

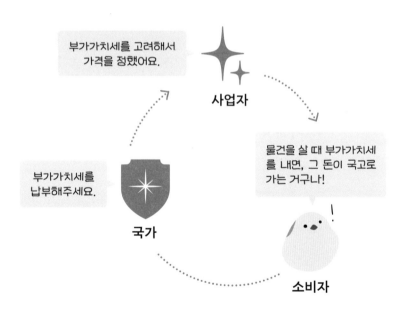

부가가치세를 고려해서 가격을 정했어요.

사업자

물건을 살 때 부가가치세를 내면, 그 돈이 국고로 가는 거구나!

소비자

부가가치세를 납부해주세요.

국가

정하게 됩니다. 우리가 매일 만나는 부가가치세는 이런 과정을 거쳐 우리의 영수증에 따라오는 거예요.

물론 아무나 면세사업자가 될 수 있는 건 아닙니다. 법으로 정해둔 특정한 물품 혹은 서비스를 판매하는 경우에만 가능합니다. 병원이나 학교에서 제공되는 서비스가 대표적입니다. 제가 내과에서 부가가치세를 내지 않았던 이유가 여기에 있죠. 지하철이나 버스 요금도 면세입니다. 책과 신문 구독료도 면세 대상이에요. 우체국 우편도 면세인데, 예외로 우체국 택배에는 세금이 붙습니다. 일반 사업자들과의 형평성을 고려한 결정입니다.

해외여행으로 한 번, 환급으로 두 번 행복해지는 법

우리나라에서 부가가치세의 세율은 10%입니다. 하지만 0%의 세율, 즉 영세율이 적용될 때도 있습니다. 좋은 사례는 K-뷰티입니다. 한국 화장품을 해외에 수출하는 화장품 업체들은 부가가치세를 내지 않아요. 국내에서는 부가가치세 포함 5만 5,000원에 팔아야 하는 화장품을 해외에 수출할 때는 5만 원에 판매할 수 있으니 가격 경쟁력까지 생기죠.

이건 다 부가가치세에 붙은 '소비지국 과세원칙' 덕분입니다. 즉 소비가 되는 곳에서 세금을 매기겠단 이야기예요. 그러니 한국에서 만든 화장품일지라도 한국에서 소비되지 않는다면 부가가치세를 낼 필요가 없습니다. 다른 상품도 마찬가지예요. 유아용 모빌도, 원피스도, 텀블러도! 전부 소비지국 과세원칙을 따른답니다.

소비지국 과세원칙은 사업자가 아닌 소비자에게도 적용됩니다. 해외에서 쇼핑을 했던 경험을 떠올려봅시다. 뭔지는 잘 모르겠지만 환급을 해준다고 하길래 '택스리펀'을 받은 적이 있지 않나요? 프랑스·일본·대만 등 많은 나라가 현재 택스리펀 제도를 실시하고 있습니다. 여행자들이 여행 중에 구매하는 물품을 '여행지에서 사용하는 것'이 아니라 '자국으로 돌아가 소비하는 것'으로 보고 부가가치세를 환급해주는 것이죠.

부가가치세는 나라마다 다르게 부과되는데, 대부분 10%~20% 선입니다. 프랑스는 무려 20%의 부가가치세를 매기는 곳이므로 물건을 저렴하게 사고 싶다면 프랑스 여행 전 택스리펀 제도를 꼭 숙지해두세요. 핵심은 ①나라마다 최소 구매 금액이 존재하고 ② 택스리펀 가맹점에서 구매해야 하며 ③서류를 받아둬야 한다는 것! 보통은 공항이나 시내 환급소에서 신청이 가능합니다. 예외적으로 명품은 택스리펀을 이용하더라도 한국에 들어올 때 '관세'를 따로 내기 때문에, (세금을 포함하면) 국내에서보다 더 비싼 가격에 사는 꼴이 될 수도 있어요.

절세와 탈세의
차이는 뭘까?
탈세와 세무조사

어딜 가나 그림자처럼 따라오는 세금. 가능한 한 적게 내고 싶은
욕망은 누구나 똑같을 겁니다. 그래서인지 검색창에 '절세'나 '탈
세'를 검색하면 온갖 기상천외한 방법이 튀어나옵니다. 여러분도
물건을 살 때 종종 '현금 결제(혹은 계좌이체) 시 10% 할인해주겠다'
는 말을 들을 텐데요. 이건 '소비자에게 부가가치세를 받지 않겠
다'란 이야기와 동일합니다. 부가가치세를 받지 않겠다는 건? 매출
신고를 하지 않겠다는 교묘한 말로 들리기도 합니다. 대부분은 탈
세와 연관되어 있죠.

　조금 더 본격적인 사례도 있습니다. 앞서 살펴봤듯 사업자들
은 '비용(필요경비, 사업활동을 위해 꼭 필요한 곳에 쓴 돈)' 처리를 중요

하게 생각합니다. 이 돈에 대해선 세금이 면제되니까요. 가령 1년간 총 1억 원을 벌어들인 사업자 B씨가 5,000만 원을 비용 처리한다면, B씨는 남은 5,000만 원에 대해서만 종합소득세를 내면 됩니다. 과세표준 구간 자체가 달라지는 거예요.

세금을 줄이려 고민하는 사업자들을 유혹하는 존재도 있습니다. 바로 '자료상資料商'입니다. 보통 사업자들은 사업을 위한 물건이나 서비스를 구매할 때 세금계산서나 현금영수증 등 증거로 삼을 수 있는 서류인 증빙 자료를 받습니다. 비용 처리를 명확히 하기 위함이에요. 그런데 아무런 물건을 사지 않았음에도 세금계산서를 허위로 발급해주고 그 대가로 돈을 받는 사람들이 있어요. 자료를 팔아 비용 처리를 도와준다 해서 이들을 자료상이라고 부릅니다. 사업자 입장에서는 자료상에게 돈을 주고서라도 가짜 증빙 자료를 사면, 그만큼 비용 처리도 많이 되어 세금을 팍팍 줄일 수 있기 때문에 결국은 이득이라는 생각이 들어 계속 자료를 사게 됩니다.

다만 꼬리가 길면 밟히는 법. 여기저기 자료를 가져다 파는 자료상은 금세 세무조사의 대상이 됩니다. 자료상이 세무조사에 걸려드는 순간 자료상을 거쳐간 모든 사업자가 줄줄이 소시지처럼 세무조사를 받게 되는 건 물론이고요.

세상 친절한 세금 수업

세무조사? 잘못한 사람만 받는 거 맞죠?

세무조사라니! 그렇잖아도 우리는 종종 세무조사에 얽힌 무시무시한 뉴스 헤드라인을 접하곤 합니다. 예컨대 이런 식이죠. '세금 빼돌려 슈퍼카 구매? 오너 일가 호화 생활 즐겼다', '방송인 ○○, 세무조사 후 수천만 원 추징', 'SNS에선 명품 과시하더니……인플루언서, 연예인 등 세무조사 착수'. 또 간혹 '200억 건물주 ○○○, 고강도 세무조사' 같은 기사에서 "고강도 세무조사"라는 말을 보면 괜히 섬찟한 마음도 듭니다. 세무조사 이 녀석, 대체 얼마나 엄중한 사건인 걸까요?

사실 세무조사는, 일반적으로는 '세금 숙제 검사'에 가깝습니다. 법령으로 정의된 의미는 다음과 같고요.

> "세무조사"란 국세의 과세표준과 세액을 결정 또는 경정하기 위하여 질문을 하거나 해당 장부·서류 또는 그 밖의 물건을 검사, 조사하거나 그 제출을 명하는 활동을 말한다.
>
> (국세기본법 제2조)

더 쉽게 설명해볼게요. 세무조사란 납세자(세금을 내야 하는 사람)가 기존에 신고를 해야 하는데 신고하지 않은 세금을 정해주거나,

신고를 하긴 했는데 제대로 하진 않은 세금을 다시 정해주기 위해 장부나 서류 등의 물건을 조사하는 활동을 말합니다. 흔히들 세무조사는 잘못한 사람만 받는 어마어마한 처벌이라는 오해를 하지만 꼭 그렇지만도 않아요. 우리도 숙제를 안 하고 싶어서 안 하는 건 아니잖아요. 숙제 범위를 잘못 알아서 미처 다 해내지 못할 때도 있고, 제출일을 착각하기도 하죠.

이처럼 세금을 신고한 내역이 적정한지를 검증하기 위해 정기적으로 진행하는 세무조사를 '정기선정'이라고 부릅니다. 정기선정을 하는 이유는 여러 가지예요. 납세자의 신고 내용을 객관적으로 검토한 결과 세금 신고에 불성실한 혐의가 있는 경우, 최근 4년 이상 같은 세목으로 세무조사를 받은 적이 없는 납세자 중 업종·규모·경제력 집중 등을 고려할 때 신고 내용이 적정한지를 알아볼 필요가 있는 경우 등입니다. 이런 경우엔 세무서에서 납세자에게 조사를 하겠다고 통지한 후 자료 제출을 요청하고, 문의 사항이 있으면 질문도 합니다. 잘못이 있어서라기보다는 받아야 할 때가 되어서 받는 조사에 가까워요.

반면 '비정기선정'은 조금 더 심각한 사유로 이뤄집니다. 납세자가 법으로 정해둔 신고를 누락하거나, 내야 하는 서류들을 내지 않는 등 납세의 의무를 이행하지 않았을 때 실시되거든요. 또 위장 거래 등 거래 내용이 사실과 다른 혐의가 있는 경우, 구체적인 탈

세무조사를 둘러싼 오해

잘못한 사람만 받는다? = NO!
정기적으로 진행되는 세무조사는 잘못하지 않았더라도
대상이 될 수 있어요.

무조건 들이닥쳐 급습 조사? = NO!
정기선정의 경우, 세무서에서 '세무조사 사전 통지'를
하고 차근차근 절차에 맞춰 진행합니다.

세무조사 받는 연예인은 다 수상한 인물? = NO!
연예인도 국민이니, 딱히 잘못하지 않았더라도
세무조사의 대상이 될 수 있죠!

세 제보가 있는 경우, 세무공무원에게 금품을 제공한 경우 등에도 세무조사의 대상이 됩니다. 뉴스에서 속보로 뜨는 충격 세무조사 소식은 대부분 비정기선정에 해당하는 사건입니다.

　비정기선정의 경우, 드라마에서처럼 갑자기 공무원들이 사무실로 들이닥쳐 세무조사 통지를 해요. 조금 전 만나본 자료상의 '줄줄이 소시지 세무조사'도 보통 이렇게 이뤄진답니다.

불안한 탈세 대신 똑똑한 절세를!

다 알겠는데, 국세청은 탈세 사실을 어떻게 찾아내는 걸까요? 시스템이 아무리 잘 걸러낸다 해도 현금의 흐름까지 잡을 순 없을 텐데 말이죠. 국세청 건물 지하에 슈퍼컴퓨터라도 있는 걸까요?

사실 대부분의 탈세는 제보를 통해 적발됩니다. 내부 사정을 잘 아는 직원 혹은 거래처 사람들, 수상함을 감지한 고객 등 다양한 사람이 국세청에 제보를 넣어요. 그리고 종종 포상금을 얻기도 하죠. 아쉽게도(?) 앞서 언급했던 '현금가 10% 할인 가게'처럼 누가 봐도 알 만한 탈세의 경우에는 포상금이 지급되지 않을 가능성이 큽니다. 그런데 아무나 알기 힘든 고급 정보 혹은 내부 정보를 제보했을 때, 그리고 탈세의 주인공이 마침내 털레털레 세금을 납부했을 때는 제보자에게 포상금이 내려와요.

포상금은 국세청이 거둬들인 탈루세액(탈세자가 탈세한 금액)의 5%~10%입니다. 만약 탈루세액이 10억 원이라면 제보자는 1억 7,500만 원을 포상금으로 받을 수 있어요. 게다가 이제는 탈루세액에 가산세(일종의 세금 연체료)까지 포함해 계산하기로 했기 때문에, 포상금의 실수령액은 더 커질 전망입니다. 포상금이 커지면 자연히 제보도 늘어나겠죠.

불법인 탈세와 달리, 절세는 합법의 영역입니다. 세법 내용을 A

세상 친절한 세금 수업

부터 Z까지 정복한 후 혜택이란 혜택은 싹싹 긁어 챙겨가는 식의 절세도 있고, 법의 빈틈을 노리는 하이에나 같은 절세법도 있어요. 그래서 누군가 세상 참신한 절세법을 발견하면 정부가 허겁지겁 제재에 나서 빈틈을 메우기도 합니다.

절세는 사업자들이나 건물주들이 불타나게 챙겨보는 영역입니다. 여러분에겐 어쩌면 '나와는 거리가 먼' 이야기처럼 느껴질 수 있어요. 하지만 세금이 우리 생활 곳곳에 묻어있듯이, 소중한 절세 팁도 세금과 함께 알알이 숨어있습니다. 멍하니 '돈을 이만큼이나 떼어가는군……'이라며 남의 세무조사 구경하듯 방치하진 맙시다. 서민을 위한 절세 계좌부터 그간 어리둥절하게 넘기기만 했던 연말정산 환급법까지! 지금부터 알아볼게요.

2장

내 월급은
내가 챙긴다

연봉을 12로 나누면 월급인 줄 알았는데, 생각보다 적다?

원천징수

사회초년생 성실 씨가 한 달 중 제일 좋아하는 날짜는 25일, 월급날입니다. 하지만 소중한 월급을 이리저리 분배하고, 월세도 내고, 몇 달째 장바구니에 넣어만 뒀던 신발을 결제하고 나면 통장엔 금세 구멍이 나요. 너덜너덜해진 잔고를 들여다보며 성실 씨는 매달 생각합니다. '연봉이 1억이면 얼마나 좋을까?'

만약 정말로 연봉 1억을 받게 된다면, 성실 씨의 통장에 들어오는 월급(실수령액)은 얼마일까요? 1년은 12개월이니 1억을 12로 나눈 금액인 833만 원이 아닐까 생각할 수도 있겠지만, 실제로는 650만 원 정도가 입금됩니다. 세금과 보험료를 떼다 보면 833만 원 중 183만 원 정도가 증발해 버리거든요. 모두의 꿈인 '실수령

월 1,000만 원'을 달성하기 위해서는 사실 세전 연봉 1억 7,300만 원 정도를 받아야 합니다.

세전과 세후 금액이 차이 나는 건 '원천징수' 때문입니다. 이건 소득의 '원천'에서 세금을 미리 '징수'한다는 뜻이에요. 더 쉽게 풀어보면 '돈을 지급하기 전에 이것저것 다 떼고 주는 일'을 말하고요. 소득세나 지방소득세뿐 아니라 국민연금, 건강보험, 고용보험까지 원천징수하고 나서야 월급은 우리 통장에 도착합니다. 원천징수는 사업자(성실 씨의 경우엔 월급을 주는 대표님)가 직접 세금 신고를 하게 만듦으로써 국가가 국민 개개인에게 세금을 걷는 수고로움을 덜고, 혹시 모를 탈세까지 미연에 방지해주는 장치랍니다.

원천징수하는 세율은 소득의 종류에 따라 달라집니다. 구체적으로는 월급으로 대표되는 **근로소득**, 적금이나 예금을 통해 받는 **이자소득**, 주식 투자를 하면서 받는 **배당소득**, 프리랜서로 일하며 얻는 **사업소득**, 일시적으로 혹은 비정기적으로 얻는 소득인 **기타소득**에 대한 원천징수가 있습니다. 여기서는 근로소득을 중심으로 살펴보되, 다른 소득들에 대한 원천징수도 꼼꼼히 알아보려 합니다. 월급으로 안정적인 수익을 얻고, 적지만 투자도 해보고, 가끔은 일일 알바로 용돈벌이도 하는 우리에겐 한푼 한푼이 소중하잖아요.

이자와 배당금으로 이해하는 원천징수

은행에서 적금을 깨면 달콤한 이자가 나옵니다. 여러분도 살면서 몇 번씩 이자를 받은 적이 있을 거예요. 보통 이자소득은 14%로 원천징수돼요. 즉 은행에서 나에게 이자를 입금하기 전에, 이자 금액의 14%에 해당하는 세금을 미리 떼고 준단 뜻이에요.

이자소득으로 소득세를 내야 할 때면 지방소득세도 후다닥 따라옵니다. 지방소득세는 소득세의 10%에 해당하는 세금인데요. 거의 모든 소득세의 꽁무니에 찰싹 붙어 다니는 존재입니다. (앞으로도 계속 나오니 꼭 기억해두세요!)

이자소득세의 공식을 깔끔하게 정리하면 다음과 같습니다.

14% (이자소득세) + 1.4% (지방소득세, 소득세의 10%) = 15.4%

결국 이자 금액의 15.4%가 세금으로 나가는 셈이죠.

예시를 하나 볼게요. 뒷장의 표는 한 은행의 연이자율 3.5%짜리 적금 상품에 가입한 성실 씨의 이자 현황을 정리한 내용입니다. 세전 이자 17만 5,000원의 14%인 2만 4,500원의 소득세, 그리고 다시 소득세의 10%인 2,450원이 세금으로 똑 떨어진 걸 확인할 수 있어요.

**성실 씨의
1년 치 적금 이자 현황**

원금 (성실 씨가 차곡차곡 입금한 돈)	500만 원
연이자율	3.5%
세전 이자	17만 5,000원
세금 내역	소득세: 2만 4,500원 지방소득세: 2,450원
세후 이자	14만 8,050원

참, 이자에 세금을 떼지 않고 고스란히 입금해주는 특별한 상품인 '이자소득 비과세 상품'도 존재합니다. 대부분 정부 정책의 일환이에요. 한때 전국적인 붐을 일으켰던 '청년도약계좌'도 여기에 속하는 정책상품이고요. 중간에 적금을 해지하면 이자에 대한 세금을 물어야 한단 점이 치명적이지만, 만기일만 엄수한다면 이자 전액을 지켜낼 수 있답니다.

우리가 이자소득에 세금이 달랑달랑 붙는다는 사실을 잘 인지하지 못하는 이유는 은행에서 알아서 원천징수를 하고 세금 신고까지 마치기 때문이에요. 1년간 받은 이자소득과 배당소득의 합이 2,000만 원을 넘긴다면 종합소득세 신고를 해야 하지만, 그게 아니라면 별도의 신고 없이 원천징수만으로 세금 납부가 끝나거든요. 주식 투자를 하고 받는 배당금(배당소득)도 마찬가지입니다. 지방소득세 포함 15.4%가 배당금에서 원천징수되죠.

구체적인 금액을 볼까요? 만일 주식 투자에 열심인 성실 씨가 삼성전자의 주식을 30주 구매하고 1주당 361원의 배당금을 받게 되었다면, 세전 배당금은 10,830원입니다. 그리고 아래와 같이 세금을 떼는 과정이 이뤄져요.

배당금으로 이해하는 원천징수 계산

성실 씨가 받은 세전 배당금 (1주당 361원, 총 30주)	10,830원	
	– 배당소득세 14%	1,510원 (1,516원이지만 원 단위는 버림)
	– 배당소득세의 10% (지방소득세)	150원 (151원이지만 원 단위는 버림)
성실 씨가 받는 세후 배당금	9,170원	

결과적으로 성실 씨의 통장에 들어오는 배당금은 9,170원이 됩니다. 주식 배당금을 받을 때도 증권사 등의 금융기관이 원천징수

를 해간다는 사실을 확인할 수 있죠.

내 월급에도 원천징수가?!

이제 우리의 빛과 소금인 급여명세서를 조목조목 뜯어볼 차례입니다. 2024년 2월 통계청이 발표한 자료에 의하면, 2022년에는 임금근로자 중 24.1%가 150만~250만 원의 월급을 받으며 일했습니다. 그다음으로 많았던 것이 250만~350만 원을 받는 18.8%의 근로자였고요. 임금근로자의 평균소득은 353만 원, 중위소득은 267만 원이었습니다. 여기서는 임의로 성실 씨의 명세서를 참고해볼게요. 성실 씨는 현재 사무직 회사원으로, 알뜰살뜰 주식회사에서 세전 300만 원을 받으며 불철주야 일하고 있습니다.

성실 씨의 급여인 300만 원 중 근로자 부담금으로 원천징수되는 돈은 총 36만 3,900원입니다. 여기서 국민연금과 건강보험, 고용보험은 의무보험이라고도 불리는 '4대보험'에 속해요. 국민연금은 노후를 지원해주고, 건강보험은 의료비를 지원해주고, 고용보험은 소득이 끊겼을 때 돈이나 직업훈련을 지원해주는 역할이에요. 말 그대로 국가에 보험을 들어두는 것이죠. 장기요양보험은 노인들의 생활과 가사를 돕기 위한 일종의 사회보험인데, 지금 성실

급여명세서

회사명: 알뜰살뜰 주식회사
성　　명: 김성실

급여 내역 (성실 씨가 받은 돈)	금액	근로자 부담금 (성실 씨가 세금 및 4대보험으로 내는 돈)	금액
기본급	300만 원	국민연금 300만 원의 4.5%	13만 5,000원
		건강보험 300만 원의 3.545%	10만 6,350원
		장기요양보험 300만 원의 0.4591%	1만 3,770원
		고용보험 300만 원의 0.9%	2만 7,000원
		소득세 간이세액표	7만 4,350원
		지방소득세 소득세의 10%	7,430원
합계	300만 원	합계	36만 3,900원
성실 씨가 받는 돈(세후 월급): 263만 6,100원			

씨는 사회복지를 위해 돈을 내는 입장이지만 나중에는 지원을 받는 입장이 될 수도 있습니다.

직장인이든 자영업자든 프리랜서든, 대한민국 국민이라면 국민연금과 건강보험(및 장기요양보험) 가입 의무가 있어요. 직장인의 경우 고용보험과 산재보험에도 가입해야 하고요. 국민연금급여의 9%과 건강보험급여의 7.09%, 장기요양보험급여의 0.9182%은 직원과 고용주가 반반씩 납부합니다. 고용보험은 고용주가 조금 더 부담해요. 또 마지막 4대보험인 산재보험은 업무를 하다 다쳤을 때 치료비 등을 지원해주는 보험인데, 여기엔 고용주 혼자만 돈을 냅니다. 성실 씨의 명세서에도 4대보험 중 산재보험 항목만은 빠져 있죠.

소득 가는 곳에 세금도 가는 법! 소득세(및 지방소득세) 역시 월급에서 원천징수되는 항목입니다. 근로소득에 대한 소득세와 지방소득세는 국가가 정해둔 기준에 따라 매겨져요. 이 기준을 '근로소득 간이세액표'라고 부릅니다. 여러분도 직접 국세청 홈택스 hometax.go.kr에 접속한 후 검색창에 근로소득 간이세액표를 검색하면 빠르게 확인할 수 있어요. 사이트에서 바로 계산하는 것도 가능하고, 엑셀 파일로 표 전체를 내려받아 경우의 수를 체크해봐도 좋습니다.

간이세액표는 연봉이 올라가면 소득세를 얼마나 더 내는지도 알려줍니다. 예컨대 성실 씨는 현재 소득세와 지방소득세를 합쳐

회사가 성실 씨 몫으로 내는 돈은 얼마일까?

회사 부담금	금액
국민연금 300만 원의 4.5%	13만 5,000원
건강보험 300만 원의 3.545%	10만 6,350원
장기요양보험 300만 원의 0.4591%	1만 3,770원
고용보험 300만 원의 0.9% (+규모별 0.25%~0.85%)	3만 4,500원
산재보험	2만 1,780원
퇴직금	25만 원
합계	56만 1,400원

총 8만 1,780원의 세금을 내고 있지만, 앞으로 커리어를 쌓아 '월급 500만 원'을 달성한다면 다달이 36만 9,010원의 세금을 내게 된답니다.

사측의 지갑 사정도 슬쩍 들여다볼까요? 성실 씨가 세후 월급으로 약 260만 원을 받을 때, 성실 씨네 회사가 실제로 지출하는 돈은 약 360만 원입니다. 회사 측에서도 성실 씨 몫의 보험료와 퇴직금 등을 납부해야 하거든요. 결국 회사는 직원 한 명을 고용하

는 데 세전 급여의 1.2배가량을 더 쓰는 겁니다. 그래서 어떤 대표
님들은 '(4대보험을 납부하지 않는) 다른 형태로 계약을 하자'고 제안
하기도 해요. 반대로 직원 쪽에서 보험료 없이 실수령액을 늘리기
위해 제안하는 경우도 있고요. 수많은 기업에서 지금도 실시간으
로 일어나는 일이지만, 이건 명백한 불법입니다. 4대보험의 울타리
는 노동자를 받쳐주는 최소한의 보호책이에요. 특히 고용보험은
꼭 필요해요. 실업급여를 받기 위해서라도요!

만약 연봉 협상을 계획하고 있다면, '우리 회사가 날 위해 쓰는
돈(쓰게 될 돈)이 얼마일까'를 셈해보는 것도 좋은 방법입니다. 내가
요구하는 연봉이 적절한지를 판단하는 힘은 협상의 힘으로 직결
되니까요. 협상 시 회사가 실제로 고려하는 금액은 '세전 월급'이
아니라 4대보험과 퇴직금까지 꼬박꼬박 포함한 금액입니다. 예컨
대 직원 한 명의 생산성이 급여의 3배 정도여야 원활히 운영되는
회사에서 연봉 4,000만 원을 희망 금액으로 부를 때, 회사는 내가
최소 1억 2,000만 원을 벌어다 줘야 한다고 생각할 거예요. 이때
1억 2,000만 원에는 회사가 부담하는 4대보험과 퇴직금도 포함되
어 있을 거고요.

이렇게 회사에서 우리 각자의 생산성을 고려하듯이 우리도 회
사의 가치를 계산해볼 수 있겠죠. 생산성을 높일 수 있는 업무 환
경인지, 커리어를 쌓아갈 수 있는 프로젝트인지……. 동시에 간이

세액표와 보험료 등을 체크한 후 실수령액이 어느 정도일지를 가늠하면서 희망 연봉을 제시하는 준비성까지 갖춘다면! 더 이상 연봉 협상 테이블이 두렵지 않겠죠? '난 이미 내가 생각하는 나의 가치와 회사가 생각하는 나의 가치를 모두 알고 왔어. 협상 한번 시작해보자고!' 하는 자신감이 절로 생길 겁니다.

모르면 손해 보는 직장인 세금 팁

소중한 월급을 지켜내려면 월급 속 비과세 항목도 꼭 챙겨야 해요. 비과세 항목은 '여기에 속하는 금액에 대해선 세금 매기지 않을게!' 하고 나라에서 약속해둔 부분이라, 잘만 활용하면 실수령액이 늘어나는 효과를 볼 수 있습니다.

대표적인 비과세 항목은 식대입니다. 사실 이건 대부분의 직장인이 이미 (챙기는 줄도 모른 채로) 챙기는 부분이에요. 회사가 따로 식사를 제공하지 않고 급여에 식대를 포함해서 주는 경우 월 최대 20만 원까지 비과세가 가능합니다. 예컨대 여러분의 세전 월급 300만 원 속에 식대 20만 원이 포함되어 있다면, 식대를 뺀 280만 원에 대해서만 세금과 4대보험이 매겨지는 겁니다.

회사 업무를 할 때 내 차를 사용해야 한다면 '자기차량운전보

조금'을 월 최대 20만 원까지 비과세로 받을 수 있어요. 다만 자기 차량운전보조금으로 20만 원을 받았는데 시내 출장을 위한 유류비·통행료 등의 여비를 회사에 청구할 경우엔, 실제 여비가 비과세되고 보조금 20만 원엔 비과세 혜택이 붙지 않습니다. 시내가 아닌 시외로 출장을 떠날 땐 이야기가 조금 달라져요. 유류비·통행료도 별도로 청구해서 비과세로 받을 수 있고, 보조금 20만 원도 비과세로 입금되거든요. 회사가 직원 본인이나 배우자의 출산, 6세 이하 자녀의 보육과 관련해 지급하는 돈이 있을 때도 20만 원까지 비과세가 보장되고요. 이외에도 학교에서 근무하는 교원이라면 연구활동비를, 취재가 업인 기자라면 취재수당 등을 세금 없이 20만 원까지 받을 수 있습니다.

세상 친절한 세금 수업

연말정산,
대체 뭘 정산한다는 걸까?
연말정산의 기본 구조

제가 만난 사회초년생 분들은 연말정산 이야기만 꺼내면 모두 비슷한 반응을 보였습니다. "회사에서 하라는 대로 어찌어찌 하긴 하는데, 대체 무슨 소린지 하나도 모르겠어요", "제대로 된 건지 아닌 건지도 모른 채로 얼렁뚱땅 제출하고 끝나요" 등의 말이었죠. 여러분도 내심 공감되지 않나요? 연말정산 시즌, 괜스레 회사 동료들의 눈치를 살피며 정보를 주워듣다 보면 호기심이 해소되기는커녕 하루하루 의문만 불어났을 거예요. 옆자리 과장님은 돈을 엄청 돌려받는 것 같은데 왜 난 10만 원이 끝인지, 공제는 뭐고 결정세액은 또 뭔지, 그래서 나더러 어쩌라는 건지…….

사실 연말정산은 하나하나 뜯어보면 절대 어려운 일도 복잡한 일도 아닙니다. 딱딱한 전문 용어로 가득한 서류들 때문에 진입 장벽이 높아 보이지만, 용어의 의미만 이해한다면 하루아침에도 연말정산 마스터가 될 수 있어요.

일단은 연말정산의 정체부터 정확히 파헤쳐봅시다. 연말정산은 1년간 '내가 냈던 세금'과 '내가 내야 할 세금'을 비교하는 일입니다. 내가 냈던 세금이 궁금하다면 급여명세서를 훑어보세요. 소득세와 지방소득세 항목을 확인할 수 있을 거예요. 내가 냈던 세금은 이 둘의 합을 말하는 겁니다. 직장인이라면 누구나 세금을 원천징수당한 뒤 '세후 월급'을 입금받게 되죠.

세금을 떼어가는 기준도 다 정해져 있습니다. 앞 장에서 언급했던 근로소득 간이세액표가 그 주인공이에요.

근로소득 간이세액표의 일부

세전 월급 (비과세 및 학자금 제외)	월급에서 원천징수되는 세금 (단위: 원)			
	(공제대상가족의 수에 따라 다름)			
	1명	2명	3명	4명
297만 원 이상~298만 원 미만	71,350	53,850	30,790	25,540
298만 원 이상~299만 원 미만	72,210	54,710	31,120	25,870
299만 원 이상~300만 원 미만	73,060	55,560	31,450	26,200
300만 원 이상~302만 원 미만	74,350	56,850	31,940	26,690

옆의 표는 간이세액표의 일부를 똑 떼어와 간략하게 정리한 버전입니다. '공제대상가족'이란 글자가 눈에 띌 텐데요. 이건 부양해야 할 가족의 수에 따라 세금을 매긴다는 의미입니다. 가령 300만 원을 수령하는 회사원 성실 씨가 부양해야 할 가족이 한 명 있다면 다달이 7만 4,350원의 세금을 내고, 두 명 있다면 5만 6,850원을 내는 식입니다.

내가 열심히 먹여살려야 하는 나의 첫 번째 가족은 누구일까요? 바로 나 자신이겠죠. 이렇게 부양할 가족이 따로 없는 경우엔 '나=1명'을 공제대상가족으로 셈하면 됩니다. (공제에 관해선 뒷장에서 더 볼게요.)

그럼 내가 내야 할 세금은 뭘 말하는 걸까요? 이건 개개인이 받을 수 있는 세금 혜택인 '소득공제'와 '세액공제'를 모두 반영해 계산하는 일종의 '연말정산용 세금'입니다. 회사 입장에선 매달 각 직원들의 상황을 일일이 반영해 세금을 계산한 뒤 월급을 넣어주는 일이 현실적으로 불가능해요. 그래서 우선은 간이세액표에 따라 간단히만 원천징수를 해둔 후, 1년에 한 번 있는 연말정산에서 세금을 개개인별로 정산하는 겁니다.

참고로 연말정산의 구조는 아주 간결합니다. 네 줄 요약할 수 있을 정도예요.

내가 냈던 세금보다 내야 할 세금이 많다면:

연말정산 때 돈을 낸다

내가 냈던 세금이 내야 할 세금보다 많다면:

연말정산 때 돈을 받는다

추가로 한 가지만 기억하면 됩니다. 바로 '나는 내가 냈던 세금보다 더 많은 돈을 받을 수 없다'는 사실입니다. 만약 1년간 납부한 세금이 총 10만 원이라면, 연말정산 때 돌려받을 수 있는 최대 환급금도 10만 원이 전부인 거예요.

직장인 김평균 씨의 연말정산 영수증

	소득세	지방소득세	계
결정세액	237,000	23,700	260,700
기납부세액	681,600	68,160	749,760
차감징수세액	-444,600	-44,460	-489,060

이 사실을 유념하면서 위의 표와 함께 세 가지 개념을 파악해봅시다. 위의 표는 세전 월급 280만 원을 버는 직장인 김평균 씨가 연말정산을 마치고 받은 '근로소득 원천징수영수증'을 간략히 정

세상 친절한 세금 수업

리한 내역입니다. 근로소득 원천징수영수증은 말 그대로 회사에서 근로자에게 건네주는 영수증이에요. '연말정산이 이렇게 끝났다'고 알려주는 서류죠. 참고로 회사는 3월 10일까지 직원들의 연말정산 자료를 국세청에 제출하는데, 이렇게 제출이 끝난 후에는 여러분도 홈택스에서 직접 근로소득 원천징수영수증을 확인할 수 있어요.

맨 위칸에 쓰인 결정세액은 앞서 언급했던 '내야 할 세금'을 의미합니다. 즉 평균 씨가 국가에 납부해야 마땅한 1년 치의 근로소득세를 계산한 값이에요. 평균 씨의 경우, 총 26만 700원을 내야 합니다.

그 아래 쓰인 기납부세액은 '냈던 세금'입니다. 다시 말해 지난 1년간 평균 씨가 월급을 받으며 원천징수로 떼어왔던 세금의 총액입니다. 그런데 표에 따르면, 평균 씨는 올해 무려 74만 9,760원이나 되는 세금을 냈습니다. 자신의 몫보다도 많은 세금을 왕창 원천징수당한 겁니다. 월급을 받을 땐 간이세액표에 따라 임의로 소득세를 뗐지만, 연말정산을 하며 각종 공제 혜택을 반영해보니 평균 씨는 훨씬 적은 세금을 내도 되는 사람이었습니다.

이럴 땐 마음을 가라앉히면서 차감징수세액을 확인하면 됩니다. 평균 씨의 차감징수세액 란에도 마이너스 기호와 함께 '489,060'이란 숫자가 찍혀 있죠? 이건 미리 냈던 세금 중 차감징수세액만큼 돌려준다는 의미입니다. 다행히 평균 씨는 연말정산을 통해 48만 9,060원의 세금을 무사히 환급받을 수 있습니다.

보통 이 환급금은 2월 월급에 합쳐 입금돼요. 그래서 '13월의 월급'이라는 별명도 있고요. 이러나 저러나 결국은 내 돈이지만, 한 방에 환급받으면 괜히 이득을 본 것 같은 기분이 들곤 합니다.

물론 정반대의 상황도 얼마든지 가능합니다. 결정세액보다 기납부세액이 적어 연말정산에서 추가적인 세금을 토해내야 하는 슬픈 경우죠. 이럴 땐 '내가 올해 많이 벌었나 보다' 하고 스스로의 능력을 칭찬해주면서, 다음번 연말정산을 더 철저히 준비하면 됩니다.

연말정산 환급액,
왜 누구는 더 받고 누구는 덜 받는 걸까?
결정세액 정하기

본격적으로 연말정산 계산기를 두드려봅시다. 연말정산도 얼마든지 전략적인 준비가 가능합니다. 블로그 포스팅이나 유튜브를 보면서 허겁지겁 서류를 준비하고, 홈택스 검색창에 커서만 올려둔 채 머뭇거리던 날들과는 이만 이별하자고요.

연말정산의 꽃은 '결정세액을 계산하는 일'입니다. 결정세액이 낮으면 낮을수록 세금을 낼 확률은 줄어들고, 환급금을 받을 확률은 높아지니까요. 결정세액을 낮추기 위해서는 각종 공제 혜택을 잘 챙겨야 합니다. 공제는 국가가 여러분에게 세금으로 받아갈 몫에서 일정한 금액을 덜어주는 과정이에요. '그렇다면 처음부터 세금을 덜 떼어가면 되지 않나요?'라는 의문이 들겠지만, 제각각 다른 개인들의 조건을 하나하나 챙기기란 불가능하니까요. 우리가 각자 상황과 조건에 맞게 공제 혜택을 챙겨야 합니다. 다행히 회사에서 가이드를 주기도 하고, 사회초년생이 받을 수 있는 혜택도 명확한 편이니! 아래 내용을 잘 따라오기만 하면 됩니다.

내야 할 세금(결정세액)을 줄이는 여정에는 총 4개의 단계가 존재합니다. 이 책에서는 각 단계를 도움닫기, 1차 할인, 2차 할인, 골인이라고 부르겠습니다. 우선은 도움닫기부터 해야겠죠?

도움닫기: 총급여액 − 근로소득공제 = 근로소득금액

맨 처음 연말정산의 도마에 오르는 건 여러분이 지난 1년간 회사에서 받은 세전 연봉인 '총급여액'입니다. 여기서 '근로소득공제'를 빼주면 '근로소득금액'이라고 불리는 금액이 나와요. 근로소득공제는 '네가 번 돈 중 이만큼에 대해서는 세금 매기지 않을게!' 하고 법으로 정해두는 금액인데, 총급여액에 따라 공제 금액도 달라집니다. 예컨대 여러분의 1년 치 총급여액이 500만 원이라면 나라에선 70%를 공제해줘요. 그럼 여러분의 근로소득금액은 500만 원의 30%인 150만 원으로 책정되는 것이죠. 참! 총급여액이 높아질수록 공제 비율은 40%, 15%, 5%, 2%로 점차 줄어들어요. 총급여액이 3,600만 원일 땐 1,065만 원을 공제받는데, 1억 원일 땐

1,475만 원을 공제받는 식입니다. 최대 공제 최대 한도는 2,000만 원이고요.

　사실 도움닫기까지는 회사 차원에서 반자동으로 진행해주는 단계라, 급여 계산이 잘못되지 않은 이상 개개인이 개입할 여지는 없습니다. 중요한 건 1차 할인과 2차 할인이에요.

1차 할인: 소득공제

1차 할인은 '소득공제'라고 불리는 제도입니다. 근로소득금액에서 다시 일정 금액을 제외할 수 있는 혜택이에요. 말했다시피 요즘은 연말정산 시스템이 반쯤 자동화되었지만 소득공제를 일일이 따지고 챙기는 건 결국 나의 일이에요. 여러분이 실질적으로 활용해볼 만한 항목들만 알차게 담아 준비했으니, 가득 챙겨 환급 골인까지 달려봅시다.

사람을 챙기면 공제받는다

우선은 내 가족을 돌아봐야 합니다. 가족을 챙겨 받는 기본적인 소득공제를 '인적공제'라고 불러요. 나의 1번 가족인 나 자신에 대해서는 기본적으로 150만 원이 공제됩니다. 또 나이와 소득 요건을 충족할 경우, 내가 생계를 책임지고 있는 '부양가족'에 대해서도 공제가 적용돼요.

대표적인 부양가족은 나의 배우자와 부모님 및 조부모님, 형제자매, 자식과 손주들입니다. 배우자에겐 나이 조건이 없지만 부모님과 조부모님은 만 60세 이상이어야 합니다. 자식과 손주는 만 20세 이하여야 하고, 형제자매 역시 60세 이상 혹은 20세 이하여야 해요. 나이뿐 아니라 소득에 대한 조건도 걸려있어요. 공제받는 부양가족이 되려면 해당 가족의 소득금액이 100만 원 이하여야 합니다. 이땐 종합소득, 퇴직소득, 양도소득을 모두 합해 판단합니다. 근로소득만 있다면 총급여액 500만 원 이하일 경우 조건을 충족한다고 보고요. 부양가족이 장애인일 경우 나이와 상관없이 소득 요건만 충족하면 됩니다.

기본공제 대상자가 추가적인 요건을 충족하면 공제를 더 받을 수도 있습니다. 가령 만 70세 이상의 부양가족이 있는 경우, 100만 원의 경로우대자 추가 공제가 가능합니다. 가장 많이 놓치는 항목은 장애인 공제예요. 장애인복지법에 따른 장애인이 아니더라도, 암이나 치매에 걸려 병원에서 장애인증명서를 받았다면 200만 원 추가 공제가 가능해요.

여성이라면 부녀자공제도 꼭 따져야 합니다. ①배우자가 있는 여성과 ②배우자가 없는 대신 부양가족이 있는 세대주 여성에게 제공되는 50만 원 공제 혜택이에요. '배우자가 있긴 하지만 배우자의 소득이 커서' 공제를 못 받는다고 생각하는 분들도 많은데, 전혀 아닙니다. 나의 종합소득금액이 3,000만 원 이하라면 내 배우자가 살아만 있어도 공제가 가능합니다. 배우자가 없으면서 20세 이하의 부양가족을 키우는 분들에겐 100만 원을 추가로 빼주는 한부모공제도 제공돼요. 부녀자공제와 한부모공제가 중복될 땐 혜택이 더 큰 한부모공제만 받을 수 있고요.

인적공제에서 유의할 점은 이중공제가 안 된다는 사실입니다. 제일 흔한 실수는 한 명의 부양가족을 두 명의 납세자가 중복으로 신고하는 케이스예요. 가령 소득이 없는 다섯 살배기 늦둥이 동생을 직장인인 언니 오빠가 동시에 부양가족으로 등록하는 식이죠. 제법 알뜰한 전략이지만 동생 몫의 공제는 결국 한 사람만 받을 수 있습니다. 그래서 연말정산 좀 아는 분들은 연봉이 가장 높은 가족 구성원 한 명에게 부양가족의 혜택을 몰아주곤 합니다.

내 집 마련을 위한 노력은 소득공제의 디딤돌

인적공제 외에도 소득공제의 세계는 무궁무진합니다. 집을 빌려 세입자로 사는 경우에도 소득공제를 받아요. 이 제도를 '주택임차자금 차입금 원리금 상환액 소득공제'라고 부릅니다. 무주택자인 세대주(세대주가 소득공제를 받지 않을 경우 함께 거주하는 세대원)를 위한 제도죠.

만약 여러분이 ①전용면적 약 25평85m² 이하의 집에 살고 ②그집에 세를 들기 위해 은행에서 돈을 빌렸으며 ③은행에서 집주인에게 돈을 직접 입금한 경우, 연말정산 때 원금과 이자 상환액의 40%를 소득공제받을 수 있습니다. 즉 1년간 원리금 상환을 위해 1,000만 원을 사용했다면 400만 원을 소득금액에서 깎아주는 시스템이에요.

내 집 마련을 위해 주택청약종합저축 등을 굴리고 있어도 공제를 받습니다. 총급여액이 7,000만 원 이하인 무주택 세대주를 위한 혜택이에요. 납입한 금액의 40%를 300만 원 한도 내에서 공제해주죠. 단 주택임차자금 차입금 원리금 상환액 소득공제를 함께 이용한다면 둘을 합쳐 최대 400만 원까지만 공제 가능합니다(외에도 유주택자가 받을 수 있는 소득공제도 이들과 세트인데, 여기서는 우선 무주택자를 기준으로 살펴봤어요).

알찬 1년을 보냈다면 공제는 당연한 법

월급날의 서러움이 사라지는 '연금보험료공제'도 있어요. 1년간 열심히 납부해온 국민연금은 소득공제로 돌아옵니다. 건강보험과 고용보험도 쏙쏙 공제받을 수 있어요. (회사가 알아서 처리해주는 항목이니 우리는 신경 쓰지 않아도 괜찮습니다.) 사회인의 친구인 **신용카드**도 공제의 대상입니다. 대신 총급여액의 25% 이상을 신용카드로 사용해야 공제가 시작돼요. 인적공제 대상자인 부양가족이 있다면 그들의 신용카드 내역을 포함해 계산해도 되고요. 형제자매는 불가능하고 배우자와 부모, 자녀까지는 가능합니다. 기본공제에서 소득 요건(소득금액 100만 원 이하)은 충족한 반면 나이 요건(만 20세 이하 혹은 만 60세 이상)을 충족하지 못했더라도 신용카드 사용액은 반영할 수 있습니다. 소득이 없는 50대 부모님의 신용카드 사용액을 내 연말정산에 끌어 쓰고 싶을 때 참고하면 좋겠죠?

총급여액의 25% 이상을 신용카드로 지출했다는 가정하에 받을 수 있는 소득공제 한도는 총급여액 7,000만 원 이하일 때 300만 원입니다. 여기에 전통시장 이용 금액, 대중교통 이용 금액, 문화비로 사용한 금액에 대해선 300만 원까지 추가로 공제받아요. 해당 소비엔 **사용처별 공제**를 적용해주거든요. 소비의 부담을 덜어주기 위한 국가 정책의 일환이에요. 전통시장에서 돈을 쓰거나 대중교통을 탔다면 40%, 책이나 공연 등 문화생활을 즐겼다면 30%의 공제율을 누릴 수 있습니다. 같은 돈을 쓰더라도 이왕이면 대형마트보다는 시장에서 사고, 자가용보다는 대중교통을 타고,

양질의 문화생활을 즐겨보는 게 좋겠죠?

신용카드 소득공제를 잘 활용하려면 어떤 방법을 써야 할까요? 참고로 신용카드의 공제율은 사용 금액의 15%예요. 체크카드나 현금영수증의 공제율은 사용 금액의 30%고요. 그러니 총급여액의 25%까지는 신용카드를 사용하며 카드 자체의 혜택을 누리는 게 좋습니다. 그 이상의 금액은 되도록 체크카드나 현금으로 결제하며 현금영수증을 받는 거예요.

신용카드를 긁을 때도 아무렇게나 쓰지 말고, 추가 공제가 가능한 전통시장·대중교통·문화비 등에 사용해보세요. 최대한의 공제를 받을 확률이 커진답니다.

자, 이렇게 기나긴 1차 할인이 마무리되었습니다. 슬슬 공식을 중간 점검해봅시다. 근로소득금액에서 이런저런 소득공제를 반영한 끝에 다시 산출된 금액을 '과세표준'이라고 해요. 여기에 세율을 곱한 금액을 '산출세액'이라고 부르고요.

1차 할인:

근로소득금액 − 소득공제 = 과세표준

1차 할인 결과:

과세표준 × 세율(6%~45%) = 산출세액

과세표준과 세율은 1장에서 소득세의 개념을 살펴볼 때 배웠죠? 근로소득의 세계에서도 두 용어의 개념은 동일합니다. 과세표준이 높다면, 즉 올해 많이 벌었고 소득공제도 얼마 못 받았다면 세율도 높게 책정돼요. 그만큼 세금을 부담할 능력이 된다고 보는 겁니다. 혹시나 내 지갑 사정에 비해 산출세액이 너무 높게 잡혔다고 해도 좌절은 일러요. 계산이 완전히 끝난 건 아니거든요. 이제 2차 할인에 돌입할 차례입니다.

2차 할인: 세액감면과 세액공제

2차 할인의 공식적인 이름은 '세액감면'과 '세액공제'예요. 1차 할인을 거쳐 도출된 세금(산출세액)을 직접적으로 깎아주는 시스템이죠.

사회초년생들의 사랑을 듬뿍 받는 대표적인 세액감면 항목은 '중소기업취업자 소득세감면' 제도입니다. 여러 대상자가 있지만 특히 청년(근로계약을 한 날 기준으로 15세 이상~34세 이하)에겐 어마어마한 혜택이 제공돼요. 취업일로부터 5년이 되는 날이 속한 달까지 발생한 소득에 대한 세금을 90%나 감면해주거든요. 연 200만 원의 한도 제한을 감안한다 해도 엄청난 이득입니다. 5년간 최대 1,000만 원의 할인 혜택을 누리는 셈이잖아요.

이 제도는 근로자가 스스로 챙겨야 해요. 어떤 회사의 취업일로부터 '5년 카운트다운'을 시작할 것인지를 선택할 수 있거든요. 즉 나의 급여와 커리어를 고려해서 전략적인 절세 플랜을 세우는 게 가능하단 의미입니다. 신청을 원한다면 취업한 달의 다음 달까지 '중소기업취업자 소득세감면 명세서'를 작성해 회사에 제출하면 그만입니다. 혹시나 신청을 깜빡했더라도 소급 적용이 가능하니, 겁먹지 말고 서류부터 준비하자고요.

티끌 모아 태산 되는 세액공제 이벤트

세액공제 역시 세금을 직접적으로 깎아주는 일등 공신입니다. 근로자라면 기본적으로 '근로소득세액공제'를 받을 수 있어요. 총급여액에 따라 20만 원에서 74만 원까지 세금 할인이 적용되죠. 기본공제 대상자인 8세 이상의 자녀가 있을 때도 수에 따라 세금을 할인받습니다. 해당하는 자녀가 한 명 있다면 연 25만 원, 두 명이라면 55만 원, 세 명부터는 기본 55만 원에 인당 40만 원을 더한 금액을 공제받아요. 출산이나 입양을 한 경우에도 공제가 들어오고요. 첫째는 30만 원, 둘째는 50만 원, 셋째 이상인 경우 70만 원이라는 흐뭇한 공제가 따라온답니다.

보험료도 세액공제의 대상이에요. 여러분도 실비보험 하나씩은 가지고 있죠? 나 자신의 보장성보험에 넣은 금액은 100만 원 한도로 12%를 세액공제해줍니다. 만약 1년에 100만 원 이상의 보험료를 납부했다면 12만 원(지방소득세를 포함하면 13만 2,000원)의 세금이 줄어드는 식이에요. 이때는 나뿐 아니라 소득과 나이 요건을 충족한 부양가족의 보험료도 합할 수 있어요.

의료비도 마찬가지예요. 의료비의 경우엔 소득과 나이 조건 모두를 충족하지 않는 부양가족을 위해 지출한 것까지 인정해줍니다. 대신 나 혼자 썼든 가족을 위해 썼든 모든 의료비의 합이 총급여액의 3%를 넘겨야 합니다. 그래야 공제가 시작되거든요. 여러분이 연 3,600만 원의 급여를 받는다면 의료비로 108만 원은 써야 공제를 누릴 수 있단 의미예요. 의료비의 세액공제율은 기본 15%! 가령 '총급여액의 3%'를 넘긴 의료비가 100만 원이라면 15만 원을 공제받을 수 있겠죠?

종종 "동생의 대학 등록금을 제가 내줬는데, 이것도 세액공제가 가능한가요?"라는 질문을 하는 분도 있습니다. 물론 가능합니다. '교육비 세액공제'에 해당하는 케이스예요. ①형제자매와 함께 살고 있고 ②그의 소득금액이 100만 원 이하인 상황에서 ③등록금을 대신 납부해준 분들은 형제자매의 나이와 상관없이 등록금에 대한 세액공제를 받습니다. 연 900만 원 한도 내에서 15%의 공제율이 적용돼요. 외에도 교육비 세액공제의 영역은 다양합니다.

대학생뿐 아니라 소득이 없는 미취학 아동이나 초·중·고등학생인 부양가족을 둔 경우에 활용하면 연말연시가 든든해져요. 300만 원 한도 내에서 방과후학교 수업료 등에 대해 세액공제를 받을 수 있거든요. 단, 대학원 비용은 오로지 나 자신이 등록한 경우에만 공제가 가능합니다.

세액공제 하면 빠질 수 없는 키워드인 기부금에도 혜택이 붙습니다. 기본 공제율은 15%지만, 1,000만 원이 넘는 금액에 대해서는 무려 30%의 공제율이 적용돼요. 심지어 몇몇 기부금을 제외하면 세액공제 이월까지 가능합니다. 매년 기부를 하는 분이라면 작년의 금액을 이월시켜 올해 세액공제받을 수 있는 기부금은 없는지 꼭 체크해보세요.

무주택 세대주이자 총급여액 8,000만 원 이하인 근로자라면, 특히 자취생이라면! '월세 세액공제'라는 달콤한 복지를 누려봅시다. ①기준시가 4억 원 이하인 건물 중 ②약 25평, 즉 주거 전용 면적이 85m²(읍면지역의 경우 100m²) 이하인 주택에 월세를 내고 사는 분들이 이 혜택의 대상자입니다. 열심히 월세를 낸 만큼 세금을 할인해주는 거예요. 1,000만 원 한도 내에서 총급여액에 따라 15%에서 17%까지 공제가 가능합니다. 만약 다달이 80만 원을 월세로 지출한 상황이라면, 소득에 따라 최소 144만 원에서 최대 약 163만 원까지 세액공제를 받을 수 있습니다.

2차 할인인 세액감면과 세액공제까지 거쳤으니 이젠 연말정산 골인을 외칠 차례입니다. 드디어 결정세액에 도달했거든요.

2차 할인: 산출세액 – 세액감면 – 세액공제 = 결정세액(골인!)

남은 일은 앞 장에서 살펴봤듯 결정세액과 기납부세액을 비교한 뒤 돈을 토하거나 돌려받는 것뿐이에요. 결국 연말정산은 내가 낼 세금을 어떻게든 요리조리 깎아보는 모험에 가깝죠. 이 모험을 얼마나 똘똘하게 완수하느냐에 따라 환급액도 천차만별로 달라지고요.

사실 여러분이 누릴 수 있는 '연말정산 할인'은 이 장에서 소개한 주요 혜택 외에도 더 있습니다. 공제 조건이 까다롭거나 미리미리 공들여 준비해야 하는 할인 제도도 당연히 존재합니다. 하지만 이렇게 연말정산의 뼈대가 되는 공식을 익혀뒀으니, 앞으론 무시무시한 홈택스 앞에서도 절대 주눅들 일은 없을 거예요.

숨 크게 들이쉬고, 도움닫기부터 해봅시다.

결정세액을 향한 연말정산 모험 공식

도움닫기

 − 근로소득공제 **=**

총급여액
(세전 연봉)

근로소득금액

1차 할인

 − 소득공제 **=** 할인
완료

근로소득금액

과세표준

 × 세율 **=** 1차
할인 결과

과세표준

산출세액

2차 할인

 − 세액감면
세액공제 **=** 할인
완료

골인!

산출세액

결정세액

세상 친절한 세금 수업

내가 받을 연금,
어떻게 잘 굴릴 수 있을까?

연금

최근 '2055년이 되면 국민연금이 바닥난다'는 예측이 돌면서, 월급에서 국민연금을 떼기 아까워하는 분들이 늘었습니다. 특히나 2030 청년 세대라면 연금이란 소리만 들어도 막막한 마음이 들 거예요. 90년생이 국민연금을 수령할 수 있는 나이인 만 65세가 되는 시점이 하필 딱 2055년이잖아요. 그러니 '월급에선 뗄 대로 다 뗐는데, 정작 내 차례 땐 하나도 못 받는 거 아냐?' 하는 우려가 커질 만도 합니다. 오죽하면 국민연금의 연관 검색어에 '해지'라거나 '가입 거부 방법' 같은 키워드가 뜨겠어요.

안타깝게도 국민연금을 거부할 수 있는 방법은 없습니다. 소득이 있는 대한민국 국민이라면 꼭 내야 하는 의무의 성격을 띠거든요. 또 국민연금이 고갈된다 해도 아예 돈을 받지 못하는 건 아닙니다. 운용 방식을 바꾸는 등 다양한 논의가 계속되고 있고, 각 분야의 전문가들이 머리를 맞댄 채 돌파구를 찾는 중이에요. 불안한 마음이 크겠지만 지금으로서는 국민연금이 노후 대비의 기본 관문입니다. 이러나 저러나 강제로 내야 한다면, 차라리 적극적으로 뛰어들어 살길을 궁리해봅시다. 한 살이라도 어릴 때 연금 굴리는 법을 익혀둬야 좋아요. 원금에 이자가 붙고 다시 그 이자에 이자가 붙는 복리의 마법을 누릴 수 있거든요.

미래가 유독 불안한 날엔 내가 가진 연금을 직접 확인해보세요. 여러분이 가입한 국민연금, 퇴직연금, 개인연금, 주택연금 등을 한번에 체크하는 방법이 있습니다. '금융감독원 통합연금포털'에 로그인해 '내 연금 조회'를 누르면 끝이에요. 실제로 받을 수 있는 예상 연금액도 확인 가능하고, 엑셀 파일을 통해 가족 단위의 연금 계산까지 뚝딱 해볼 수 있습니다.

노후를 부탁해! 연금 3층 석탑

노후를 대비하는 연금 석탑은 총 3층 구조입니다. 1층이 국가와 함께 준비하는 국민연금, 2층이 회사와 함께 준비하는 퇴직연금, 3층이 개인이 스스로 준비하는 개인연금이에요. 수입이 활발한 청년 시기에 이 '연금 3층 석탑'을 탄탄히 쌓아둔다면 노후 부담도 훌쩍 줄어들 겁니다.

국민연금부터 쌓아볼까요? 국민연금은 납부한 만큼 연말정산 소득공제를 해주는 쏠쏠한 녀석입니다. 대신 나이가 들어 그 납입금을 다시 연금으로 수령할 땐 또 세금을 내야 하죠. 연금으로 얻은 소득이니 말 그대로 '연금소득'에 속하고, 1년마다 종합소득세를 신고해야 합니다. 여기까지만 들으면 아침에 세금 내나 저녁에 세금 내나 결국은 똑같은 조삼모사처럼 느껴질 텐데요. 현실적으로는 연금소득에 붙는 세금이 훨씬 적어 이득이랍니다.

왜 그런지 살짝 볼게요. 국민연금을 납부하는 시기는 보통 우리가 한창 활발하게 경제 활동을 하는 시기입니다. 일을 하면 근로소득이 생기고, 부업이나 프리랜서 일을 하면 사업소득이 생기는 등 다양하고 풍부한 수익이 발생하겠죠? 소득이 많이 잡히면 적용되는 세율도 함께 높아집니다. 여러분이 과세표준 5,500만 원인 30대 직장인이라고 상상해보세요. 이때 여러분에게 적용되는 세율 구간은 24%예요. 국민연금으로 납부한 금액에 대해서도 세율과 동일한 24%의 공제율을 적용받고요.

수십 년이 흘러 여러분은 중년의 꽃길을 걷게 되었습니다. 젊은 날 열심히 살아온 보상인 연금을 수령할 때가 온 겁니다. 말했듯이 국민연금은 무조건 종합소득세에 합쳐 신고해야 하는데요. 이때 국민연금을 제외한 소득(근로소득이나 사업소득 등)이 없다면, 딱 국민연금에 대한 세금만을 냅니다. 여기서는 여러분이 연간 1,000만 원의 국민연금을 수령한다고 가정해봅시다. 여러분의 세율은 6%로 책정돼요. 한창 일할 때와는 달리 소득에 대해 6%의 세금만 내면 끝인 겁니다. 소득공제는 냈던 만큼 다 받고, 추후 연금에 붙는 세금은 6%만큼 내고! 국민연금의 존재 자체가 효과적인 절세법인 셈이에요.

직장인의 친구, 퇴직연금

이제 연금 석탑의 2층에 해당하는 **퇴직연금**을 파헤칠 차례입니다. 퇴직연금은 기본적으로 회사가 돈을 내는 상품이에요. 얼핏 퇴직금과도 비슷하게 들리지만, 퇴직금은 회사가 내부적으로 관리하는 제도인 반면 퇴직연금은 회사 밖의 금융기관 등을 이용하는 제도입니다. 퇴직연금에도 여러 종류가 있는데요. 회사는 이 중 하나를 골라 열심히 운영하게 됩니다.

우선은 **확정급여형**DB 퇴직연금부터 배워봅시다. 이건 우리가 '퇴직연금'이라는 말을 들었을 때 막연하게 떠올리는 이미지와 가장 비슷한 연금이에요. 퇴직 직전 3개월의 평균임금을 기준으로 퇴직금이 결정되는 방식이죠. DB형을 운영하는 회사는 우선 은행이나 증권사 등의 금융기관에 돈을 맡긴 후 책임지고 투자를 합니다. 그러다 직원이 퇴직할 때가 되면 퇴직금을 계산해서 지급해요. 만약 회사가 투자에 실패했더라도, 직원에겐 반드시 정해진 금액을 줘야 합니다. 투자가 회사의 책임이니까요! 그래서 이름이 '확정급여(직원이 받을 퇴직급여가 확정됨)'인 거고요.

회사가 아니라 직원 개개인이 투자의 책임을 지는 확정기여형DC 퇴직연금도 있습니다. 이건 회사가 은행이나 증권사 등에 납부해야 하는 부담금이 확정되어 있는 상품입니다. '확정기여(회사가 직원의 퇴직급여에 기여하는 금액이 확정됨)'라는 이름도 여기서 유래했어요. 회사는 매년 직원 임금의 12분의 1이상을 적립하기만 하면 됩니다. 이후의 일은 퇴직금 주인들의 몫이에요. 본인이 원하는 방식으로 투자를 해 돈을 굴려보면 돼요.. 그러다 수익이 나면 본인의 몫이고, 손실이 나도 본인이 감당해야 합니다. 수익 가능성 자체는 무궁무진하지만 자칫 잘못된 선택을 했다간 받을 돈이 줄어드는 대참사가 벌어질 수도 있죠. 퇴직연금을 본격적으로 굴려볼 욕심이 생겼다면, 본인의 돈을 추가로 납입하는 것도 가능합니다. 이렇게 추가로 낸 금액에 대해서는 세액공제 혜택을 받을 수 있어요.

물론 아무런 준비도 없이 DC형 연금에 들어선 금융 초보 분들도 수많을 겁니다. 연금이고 뭐고 아무것도 모르는데 회사가 DC 형 연금을 운영한다는 이유로 자유의 들판에 대뜸 던져진 분들이요. 이런 분들을 위해 은행이나 금융사에서는 '디폴트옵션'이라는 제도를 제공하고 있습니다. 디폴트옵션은 퇴직연금에 가입된 근로자가 일정 기간이 지났는데도 아무런 금융상품에 투자하지 않을 경우 사전에 지정한 운용 방법으로 적립금을 굴려주는 시스템이에요. 본인의 위험 선호 정도(손실을 감수하더라도 과감하게 투자하고 싶은지, 투자수익이 낮더라도 원금만은 무조건 지키고 싶은지 등)만 미리 지정해두면 투자를 하지 않고 계좌를 가만히 뒀을 때 운용사가 알아서 투자를 실행해 준답니다.

사실 DC형은 투자 자유도가 높은 만큼 연금 주인들이 똘똘하게 관리하는 게 필수입니다. 디폴트옵션이 등장한 배경도 '가입자들이 어찌 됐든 원금만 지킨다는 마음으로 수익률이 현저히 낮은 상품에 옹기종기 고여있는' 현상을 완화하기 위함이었어요. 그러니 기왕 DC형 연금을 만났다면, 멀뚱멀뚱 머리만 긁는 대신 미래를 위해 적극적으로 수익을 챙겨보자고요.

상시근로자가 30명 이하인 중소기업이 가입할 수 있는 제도도 따로 있습니다. '중소기업 퇴직연금기금'이라고 불리는 제도인데요. 다른 퇴직연금들과는 달리 고용노동부 산하의 준정부기관인 근로복지공단이 직접 운영합니다. 기본적인 구조는 DC형과 비슷해요. 회사가 매년 직원 임금의 12분의 1 이상을 근로복지공단에서 지정한 계좌에 입금하면, 공단이 대리인처럼 운용을 맡아주죠. 수익이나 손실은 기금에 가입한 회사 직원들에게 돌아가고요. 추가 납입이 가능한 것도, 세액공제 혜택이 제공되는 것도 DC형과 똑같아요.

그럼 DC형에 가입하지, 왜 굳이 공단을 거치냐고요? 사실 이건 상대적으로 퇴직연금 가입이나 운용에 취약한 중소기업의 대표님과 직원들을 위해 2022년에 도입된 제도입니다. 퇴직연금도 운용 규모가 커야 돈을 맡아주는 금융회사의 수익률이 높아지기 때문에, 금융회사들은 대개 덩치가 큰 기업 위주로 영업을 펼치거든요. 조그만 회사들은 퇴직연금에 대한 접근성이 낮을 수밖에 없는 게 현실이죠. 이 현상을 해결하려 기금이 나선 겁니다.

만약 여러분이 다니는 회사가 중소기업 퇴직연금기금제도에 가입되어 있고, 월 소득이 최저임금의 130% 미만(2025년 기준 월 273만 원)이라면 2025년부터 3년간은 부담금의 10%를 지원금으로 받을 수도 있어요. 사업주와 직원들이 함께 누리는 혜택입니다.

번외로 조금 성질이 다른 상품도 알아볼까요? 노후 준비에 눈 뜨고 싶다면 '개인형 IRP'에 대해선 꼭 공부해야 합니다. 개인형 IRP는 소득이 있는 개인이 직접 금융기관에서 가입할 수 있는 상품이에요. 회사에 다니는 직장인이든 자영업을 하는 사업자든 상

퇴직연금, 한눈에 비교하기

	확정급여형DB	확정기여형DC	개인형 IRP
관리는 누가?	회사가	내가	내가
투자의 자유도	없음 (회사가 알아서)	자유로움	자유로움
특징	투자 수익과 손실은 회사의 것	회사가 월급의 12분의 1을 입금해주면 내가 운용	회사가 아닌 개인이 직접 가입 가능
연금은 언제 수령?	55세 이상, 퇴직을 해야만 수령 가능		가입 기간 5년 이상, 55세 이상이라면 퇴직 안 했어도 수령 가능!

관없이 가입이 가능합니다.

회사에 다니는 직장인이 IRP 계좌를 열 경우, 퇴사할 때 퇴직급여를 IRP 계좌로 받게 됩니다. 여러 번 이직을 거치며 일한다면 완전히 은퇴할 때까지 퇴직급여를 계속해서 IRP 계좌에 적립할 수도 있어요. 추후 이 돈을 한번에 수령할지, 연금처럼 다달이 받을지도 선택 가능하고요. 계좌를 어떻게 운용할지도 본인이 정합니다. 따라서 수익이나 손실도 온전히 스스로의 책임이에요. 나의 노후를 내 손에 맡기는 여정의 시작이죠. 퇴직을 하고 나면 바로 IRP 계좌를 깨고 퇴직금을 털어 훌쩍 여행을 떠나는 분들도 많은데요!

노후 준비 측면에서 퇴직금은 IRP에 차곡차곡 쌓아두는 걸 추천합니다.

퇴직연금은 언제 내 손에 들어올까요? DB나 DC형 퇴직연금에 가입한 직장인이라면 55세 이후에 '퇴직'을 해야만 퇴직연금을 받을 수 있습니다. 개인형 IRP에 가입한 분은 좀 달라요. 가입 기간이 5년을 넘겼고, 가입자의 나이가 55세 이상이라면 퇴직을 하지 않았어도 연금을 수령하는 게 가능합니다. 연금으로 수령하기 전 중간에 해지하는 것도 가능하지만, 자금에 따라 세금을 과도하게 뗄 수도 있습니다. 연금으로 수령할 땐 낮은 세율의 연금소득세가 붙지만 중도 인출한 금액엔 그보다 높은 세율을 자랑하는 퇴직소득세 또는 기타소득세가 부과되거든요.

연금탑의 화룡점정, 개인연금

연금 3층 석탑의 꼭대기에는 개인연금이 자리하고 있습니다. 개인연금은 국민연금과 퇴직연금만으로는 부족한 노후 수입을 보완하기 위해 개인이 자발적으로 가입하는 상품이에요. 국가와 회사의 도움 없이, 오롯이 내가 고르고 운용한 뒤 그 결과를 연금으로 수령하는 시스템이죠. 개인연금을 살뜰히 굴린다면 남부럽지 않은 백수가 되어 노후를 만끽하는 것도 가능합니다.

분류부터 해봅시다. 개인연금은 크게 '연금저축'과 '연금보험'으로 나뉘는데요. 그중 연금저축은 은행이나 증권사, 보험사 등의 금융기관에서 판매되는 상품이에요. 우선 은행 및 증권사에서는 연금저축'펀드'를 운영합니다. 이 상품의 가장 큰 장점은 납입이 자유롭다는 겁니다. 차곡차곡 쌓길 원한다면 매달 정해진 금액을 입금하는 '적립식'을 고르면 됩니다. 규칙적인 납입이 어려울 것 같다면 '임의식'을 골라 납입이 가능할 때만 돈을 넣을 수도 있어요. 어디에 투자해서 연금을 불려볼지도 본인이 직접 선택 가능합니다. 연금저축은 사회초년생들이 특히나 호기심을 보이는 영역이에요. 다양한 투자상품에 접근해서 경험을 쌓고, 장기적인 투자 포트폴리오를 계획할 수 있으니까요. 투자 공부만 철저히 한다면 높은 수익률을 기대해볼 만하죠. 물론 원금이 손실될 가능성도 피할 수는 없습니다.

원금을 보장받길 원한다면 보험사에서 제공하는 연금저축'보험' 상품을 둘러보세요. 보험의 장점은 뭐니뭐니해도 원금이 보장된단 점이거든요. 대신 그만큼 수익률은 낮습니다. 보험사 측에서 최대한 여러분의 원금을 지키기 위해 안정적인 상품에만 투자하기 때문입니다. 납입도 정기적으로 해야 해요.

또 다른 개인연금인 연금보험에는 조금 특별한 세금 혜택이 붙

세상 친절한 세금 수업

습니다. 실제로 연금을 수령할 때, 특정 조건을 충족하면 보험차익에 대한 세금을 완전 면제받을 수 있거든요. 여기서 보험차익이란 내가 연금을 돌돌 굴리면서 얻은 원금 이상의 수익을 말해요. 기본적으로 이 수익은 앞서 살펴본 적금 이자처럼 이자소득으로 구분되어 원천징수로 세금을 떼입니다. 하지만 조건만 맞춘다면 세금의 방해 없이 보험차익을 가져가는 게 가능해요. 연금보험은 보통 경제 기반을 탄탄히 꾸리며 안정적인 은퇴를 준비하기 시작한 30대 중반 이상의 직장인들이 관심을 보이는 분야랍니다.

보험의 종류별로 세세한 금액 조건이 다르긴 하지만, '저축성 연금보험'은 기본적으로 10년 이상 유지해야 합니다. 한번에 목돈을 내는 방식(거치식)을 선택했다면 계약자가 가입한 모든 저축성 보험의 합계액이 1억 원 이하여야 하고, 다달이 돈을 내는 방식(적립식)을 선택했다면 매월 150만 원 이하로 5년 이상을 납입해야 비과세 혜택이 떨어지죠. '종신형 연금보험'도 역시 5년 이상 납입해야 해요. 또 55세 이후부터 사망할 때까지 수익금을 연금의 형태로 지급받을 경우에만 세금이 면제된답니다. 연금저축(연금저축펀드, 연금저축보험)은 세액공제, 연금보험은 비과세 등으로 세제 혜택도 다르게 적용돼요.

연금 관리는 재테크의 주춧돌!

이쯤에서 여러분은 이런 의문을 품을 겁니다. '그냥 적금을 들면 안 되는 건가?' '그래서, 왜 연금을 굴려야 하는 건데?' 맞아요, 처음에는 다들 연금과 친구가 되기를 어려워합니다.

사실 연금 3층 석탑의 가장 큰 장점은 세금 혜택이에요. 자, 앞서 연말정산 파트에서 일부러 말하지 않고 숨겨둔 비밀 병기를 공개하겠습니다. 바로 '연금계좌세액공제'라는 녀석입니다. 이건 연말정산을 앞둔 직장인들이 각별히 사랑하는 세액공제예요. 연금저축에 납입한 금액은 연간 600만 원, IRP에 납입한 금액은 연간 900만 원을 세액공제해주거든요. 단 연금저축과 IRP에 납입한 금액을 합쳐서는 딱 900만 원까지만 공제받을 수 있습니다. 공제율은 총급여액이 5,500만 원 이하일 때 15%, 5,500만 원 초과일 때 12%예요. 900만 원을 납입했다면 최소 108만 원~최대 135만 원의 세금을 줄일 수 있죠.

연금계좌세액공제 900만 원을 모두 채우고 싶다면 연금저축에 600만 원, IRP에 300만 원을 넣는 걸 추천해요. 연금저축은 세액공제를 받지 않은 금액을 중간에 인출할 수 있어서 IRP보다 유동성이 좋거든요.

참! 세액공제 한도는 두 개 합쳐 900만 원이지만, 연금저축과

IRP는 1년에 총 1,800만 원 한도로 입금할 수 있습니다. 세액공제 한도와 납입 한도가 다른 이유는 연금계좌가 세금 혜택뿐 아니라 투자 측면에서도 쏠쏠한 상품이기 때문이에요.

혜택은 여기서 끝이 아닙니다. IRP 및 개인연금을 굴리는 과정에서 배당금이나 매매차익(투자상품을 팔아 얻은 차액)이 생기면, 국가는 그 돈에 대해서도 세금을 청구하지 않고 계속 원금을 불릴 수 있게 해줍니다. 그러다 55세 이후 연금으로 수령할 때 3.3%~5.5%의 낮은 세율로 세금을 매겨주고요. 즉 '납입할 때는 세액공제로 연말정산이 든든해짐, 운용할 때는 세금 안 냄, 수령할 때는 세금 덜 냄!'의 구조가 바로 연금 석탑을 아우르는 노후 준비의 핵심입니다.

아직도 끝이 아니에요. 올해 연말정산에서 세액공제를 받지 못한 초과 납입금이 있다면 다음 해의 납입금으로 전환해 세액공제를 받을 수 있어요. 예를 들어 2024년에는 연금저축과 IRP에 1,800만 원을 넣었는데 2025년에는 여유가 없어 총 600만 원밖에 납입하지 못했다면, 2024년 납입분 중 (한도에 막혀 인정받지 못한 금액인) 900만 원을 끌어와 2025년의 납입분을 (한도에 딱 맞춘 금액인) 900만 원으로 만들어버리는 게 가능합니다. 세금 혜택을 영혼까지 싹싹 긁어모을 수 있는 방법이죠.

한 가지 더, 만약 연금계좌 납입 한도인 1,800만 원을 꽉 채울 수 있는 분들은 계좌를 이렇게 구성해보세요.

1번 계좌(연금저축): 600만 원 납입, 세액공제 받기

2번 계좌(IRP): 300만 원 납입, 세액공제 받기

3번 계좌(연금저축): 900만 원 납입, 세액공제 안 받기

세액공제를 받은 계좌를 중도 해지할 경우엔 (공제 혜택을 받은) 원금과 운용 수익금에 대해 지방소득세 포함 16.5%의 세금을 내야 합니다. 하지만 계좌를 미리 잘 나눠두면 중도 해지 시 괜한 세금을 토해낼 일이 없어 편리해요.

연금 3층 석탑은 모르면 나만 손해, 공부하는 순간 나의 힘이 되어주는 영역입니다. 재테크를 시작하고 싶은 사회초년생은 연금저축과 IRP에 반드시 익숙해져야 해요. 연금을 알면 더 넓은 투자의 세계로 향하는 문이 열리거든요.

지금은 세금 혜택이나 연금 절세의 마법이 피부로 체감되진 않겠지만, 여러분의 5년 뒤 그리고 10년 뒤는 분명 더 다채롭고 어마어마할 겁니다. (그땐 지갑도 훨씬 통통하겠죠?) 연금과 함께라면 노후도, 노후의 세금도 전혀 무섭지 않은 어른으로 거듭날 수 있어요. 일단은 방치되어 있는 내 퇴직연금 계좌부터 조회해볼까요?

세상 친절한 세금 수업

회사에서 주는 돈,
무조건 세금 떼고 받아야 할까?

사내복지와 세금

2024년 초, 직장인 커뮤니티를 뜨겁게 달군 이슈가 있었습니다. 어느 기업에서 자녀를 한 명 출산할 때마다 출산장려금으로 무려 1억 원을 지급하겠다고 발표한 겁니다. 자나 깨나 세금을 따지는 세무사인 저는 뉴스를 보며 생각했습니다. '좋은 일이긴 한데, 저기에도 다 세금이 붙지 않을까? 세후로 받는 돈은 얼마나 될까?' 한편으로는 저출산 시대인 만큼 국가 차원에서 세금 혜택을 좀 주면 좋겠다는 생각도 들었어요. 다행히 곧 '출산 후 2년 안에 지급받는 출산지원금에 대해서는 세금을 매기지 않겠다'는 정부 발표가 뜨더라고요.

만일 이런 비과세 혜택이 없다면 어떤 일이 벌어질까요? 3,000만 원의 연봉을 받는 회사원 김신혼 씨가 출산장려금 1억 원을 수령하게 되었다고 가정해봅시다. 1억 원을 근로소득으로 분류한다면 신혼 씨는 연봉까지 더한 1억 3,000만 원에 대한 근로소득세를 내야 합니다. 4대보험에 세금까지 다 떼야 한단 뜻이죠.

앞서 봤듯이 '회사가 주는 돈'과 '직원이 받는 돈' 간에는 늘 차이가 생길 수밖에 없습니다. 근로소득에 붙는 4대보험과 소득세, 지방소득세, 회사가 추가적으로 부담하는 퇴직금 때문인데요. 복지금 명목으로 오가는 돈도 예외는 아닙니다. 설 상여금으로 50만 원을 지급할 때도 그 돈에 대한 4대보험과 세금을 다 내야 하거든요. 회사는 회사대로 돈을 쓰고, 직원은 직원대로 돈을 적게 받으니 서로가 불만족스러운 상황이 되죠.

회사가 내게 주는 돈, 세금을 안 떼고 받을 수는 없는 걸까요? 출산장려금은 비과세라지만, 아이를 낳을 계획이 없는 사람이나 출산지원제도가 없는 직장에 다니는 사람은 어떡하란 걸까요? 이런 고민에서 탄생한 탈출구가 바로 '사내근로복지기금'이라는 제도입니다. 특히 직원이 많은 대기업에서 적극적으로 채택하는 제도예요. 노동의 대가인 '급여'가 아닌, 사내 '복지'에 해당하는 돈을 줄 때만은 회사가 별도로 설립한 법인을 통해 지급하는 방법인데요. 이 돈에 대해서는 4대보험이나 소득세를 떼지 않습니다.

어렵게 느껴진다면 성실 씨의 도움을 받아 쉽게 살펴봅시다. 성실 씨는 현재 알뜰살뜰 주식회사에서 월급 300만 원을 받으며 근무하고 있습니다. 어느 날 피곤한 몸을 끌고 회사에 출근했더니, 사내 공지 채널에 달콤한 소식이 올라왔어요. '특별 문화생활비' 명목으로 50만 원의 복지금을 지급하겠다는 공지였죠.

성실 씨의 회사는 사내근로복지기금을 운영하는 곳입니다. 그래서 성실 씨는 회사 측이 직원 복지를 위해 따로 세워둔 법인(회사)인 '알뜰살뜰 주식회사 사내근로복지기금'을 통해 문화생활비를 받게 됩니다. 이 문화생활비에는 4대보험 등의 근로자 부담금이나 소득세가 붙지 않아요. 성실 씨의 월급인 300만 원에 합쳐 계산한 뒤 몇만 원까지를 공제해주는 식의 복잡한 절차도 전혀 거치지 않고요. 아무런 군더더기 없이 순수한 50만 원이 입금되는 거예요.

사내근로복지기금(이하 기금) 제도를 통해 온전히 받을 수 있는 복지금은 각양각색입니다. 컴퓨터 학원 등의 사설학원 수강료부터 체육시설 이용료, 문화상품비, 사내동호회 운영비, 자기계발비, 콘도 이용비, 전세나 월세 보증금을 준비하는 직원을 위한 주택임차자금 지원비까지. 원래라면 소득세와 지방소득세, 4대보험료를 똑똑 떼야 했을 항목들에 세금 면제 혜택이 붙으니 이보다 더 좋을 순 없죠.

사측의 입장도 들어볼까요? 직원들에게 명절 상여를 주는 상황을 생각해봅시다. 직원들의 급여명세서에 '명절 상여'를 얹으면, 직원들이 받는 돈도 줄어들지만 회사가 지불해야 할 4대보험도 늘어나 버립니다. 이 때문에 관행적으로 '복리후생비'라는 명목하에 비용 처리를 하는 회사가 많습니다. 그래서 종종 세무조사 때 급여에 얹지 않고 비용으로 처리했다는 이유로 지적을 받기도 해요.

그런데 기금을 운영하면, 회사가 사내근로복지기금에 돈을 넣을 때 그 금액 전부를 비용으로 인정받기 때문에 국세청의 지적을 받을 일이 없습니다. 급여(근로소득)가 아닌 셈이니 회사가 내야 할 부담금도 줄어들고요. 직원이 적은 경우엔 큰 효과가 없겠지만 직원이 수십 수백 명이라면 효과는 쏠쏠해집니다. 가령 100명의 직원에게 10만 원씩 복지금을 지급한다고 할 때, 기금을 거치지 않으면 4대보험과 퇴직금을 포함해 총 1,200만 원가량을 써야 합니다. 반면 기금을 이용하면 1,000만 원어치의 복지를 제공하기 위해 딱 1,000만 원만 쓰면 됩니다. 그러니 여력이 된다면 기금 제도를 도입하는 편이 회사로서도 이득일 수 있어요.

입사하고 싶은 회사를 고를 때 복지를 살펴보는 지원자가 점점 많아지고 있습니다. 취업포털 잡코리아가 2022년 진행한 조사에 따르면, 취업할 기업에 대해 Z세대가 궁금해하는 점 1위는 바로 '직원 복지제도'였어요.. 여러분도 공감할 거예요. 입사나 이직을 준비하려 기업 정보를 뒤적이다 보면 '복지가 좋다'거나 '복지가 영

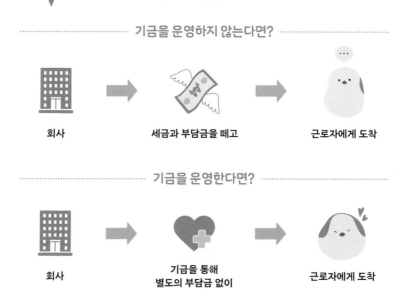

한눈에 보는 사내근로복지기금 제도

기금을 운영하지 않는다면?

회사 ➡ 세금과 부담금을 떼고 ➡ 근로자에게 도착

기금을 운영한다면?

회사 ➡ 기금을 통해 별도의 부담금 없이 ➡ 근로자에게 도착

별로다'라는 재직자들의 평가에 저절로 눈길이 가잖아요.

복지를 중요시하는 분들은 내가 가고 싶은 회사가 기금을 운영하는지도 한번 살펴보세요. 회사가 날 위해 복지금을 지급하는데, 심지어 효율적인 제도를 통해 실수령액까지 높여준다면! 내 의욕도 덩달아 불타오르는 건 당연하겠죠?

소확횡도
횡령일까?

법인카드

2024년 늦여름, 탕비실 간식 170개를 당근에 판매한 대기업 직원이 회사에 적발되며 논란을 낳았습니다. 회사에서 복지 차원으로 제공하는 커피믹스나 과자, 비타민 등을 몰래 집으로 가져가 중고 거래로 수익을 챙긴 건데요. 170개라는 숫자가 어마어마하긴 하지만, 사실 직장인들 사이에서 소위 '소확횡(소소하지만 확실한 횡령, 회사에서 주는 사무용품이나 간식 등을 집에 가져가 개인적으로 사용하는 일)'은 끝없는 갑론을박이 이어지는 주제입니다.

볼펜, A4용지, 탕비실에 놓인 티백과 초콜릿 과자들! 일하는 것도 힘들어 죽겠는데 이 정도는 가방에 넣어도 괜찮지 않을까요? 아니에요, 이것도 엄연한 절도 행위에 속해요. 업무와 관련된 물품, 즉 '회사 소유의 물품'을 회사 외부로 반출하는 일이니까요. 이렇게 가져간 물품을 당근에 팔기까지 한다면 일이 커지는 건 당연합니다.

물품이 아닌 법인카드는 어떨까요? 출장 가서 법인카드로 밥 먹는 김에, '어차피 회사 카드니까 맘 놓고 써야지' 하고 안 시켜도 되는 음식을 시킨다거나 좀 더 비싼 메뉴를 시킨다면 횡령일까요? 이 경우엔 법인카드 규정에 따른 금액 이내로 주문하기만 한다면 별 문제는 없습니다. 그럼 회사 비품을 쇼핑하는 김에 내가 사고 싶은 물건을 슬쩍 끼워 네이버페이로 결제하는 건 어떨까요? 이건 횡령입니다. 회사에 둘 휴지만 사야 하는데, 내 집에 놓고 쓸 휴지까지 넙다 사버리면 안 돼요!

소확횡 때문에 벌금형을 받는 사례는 생각보다 흔합니다. 한순간의 잘못된 판단 때문에 인생에 오점을 남겨선 안 되겠죠? 회사가 정해둔 기준만 지킨다면 '소소하고 확실하되 횡령은 아닌' 일상의 기쁨을 얼마든지 누릴 수 있어요. 우선은 법인카드 사용 원칙을 되새겨봅시다. 법인카드는 '법인의 업무와 관련된 지출'을 할 때만 사용하는 카드입니다. 가령 회사에서 쓰는 비품이나 소모품을 구매할 때, 복사기나 공기청정기 같은 사무기기를 임대할 때, 직원들의 식대를 결제할 때, 거래처와 식사를 할 때는 당연히 법인카드 사용이 가능합니다.

이런 상황은 어떨까요? 퇴근길에 지인들을 만나서 삼겹살 파티를 벌인 후 법인카드로 결제를 한다거나, 집에 들어갈 때 혼자 구워 먹으려고 소고기를 산다면요? 여기까지만 들어도 업무와 관련이 없단 게 느껴지죠. 이런 경우엔 세법상·형법상 모두 문제가 됩니다. 세금과 관련된 법도 어기는 셈이고, 동시에 형사법상으로도 범죄자가 돼요.

법인카드의 사용 내역을 따져보는 것도 국세청의 업무 중 하나입니다. 다만 실제로 카드 주인을 졸졸 따라다니면서 감시하는 건 불가능하기 때문에, 보통은 사용 내역을 검토하며 업무와 관련 없이 법인카드를 썼다고 추정하는 작업을 해요. 대표적으로는 회사 주소지와 지나치게 먼 거리에서 카드를 긁었을 때, 혹은 회사 대표의 거주지 근처에서 사용 내역이 잡힐 때, 미용실이나 사우나 등에서 썼을 때, 해외에서 썼을 때, 가방이나 기계 같은 고가의 물품을 샀을 때 미심쩍은 눈초리를 받습니다.

주말이나 공휴일, 심야 시간에 카드를 사용해도 추가 검토의 대상이 될 수 있어요. 그런데 이런 경우엔 억울한 사람이 생기기 쉽죠. 야근하면서 밥 좀 먹었을 뿐인데 괜히 트집을 잡히면 그렇게 서글플 수가 없잖아요. 그래서 법인카드에서는 무엇보다 '증빙'이 중요합니다. 내가 실제 업무를 위해서 법인카드를 썼다는 증거를 남겨둬야 해요. 영수증은 기본입니다. 법인카드를 가지고 출장을 떠났다면 언제, 누구와 함께, 무엇을 위해서 법인카드를 썼는지를 메모하고 지출 결의서를 철저하게 준비해야 합니다.

법인카드 사용이 개인적이라고 판단된다 해서 바로 감옥에 가는 건 아니에요. '업무에 쓴 돈임을 인정'받지 못할 뿐이죠. 이럴 때는 법인카드 사용 금액을 급여로 처리하는 과정이 진행됩니다. 가령 직장인 김깜빡 씨가 법인카드로 5만 원을 긁은 후 그 금액에 대한 증빙을 실패했다고 가정해봅시다. 낙동강 오리알이 된 5만 원은 고스란히 깜빡 씨의 '상여금'으로 처리돼요. 증명할 수 없는 소득이니, 그냥 깜빡 씨가 급여를 더 가져갔다고 치는 겁니다. 결국 깜빡 씨는 수중에 있지도 않은 5만 원에 대한 세금을 더 내야 합니다.

법인카드를 쓸 때 애매한 느낌이 든다면, 회사 사규를 후다닥 확인해보는 게 좋습니다. 법인카드 사용 규정에 관한 내용이 분명 존재할 테니까요. 보통은 '교통비는 어떤 상황에서 얼마', '식대는 얼마' 등으로 제시되어 있어요. 특히나 포인트 적립에 대해선 무조건 유의해야 합니다. '회사 카드로 결제한 후 개인 명의로 포인트를 적립해도 되는가'와 같은 민감한 문제는 미리 상의부터 하는 게 문제를 막는 길이랍니다.

3장

알쏭달쏭
월급 밖
세금 세상

월급 말고도 수익이 있다면,
세금은 어떻게 떼야 할까?

기타소득과 사업소득

여기 30대 중반의 회사원 왕열심 씨가 있습니다. 열심 씨의 직업은 기자인데요. 올해 열심 씨가 집중 취재해온 사건이 화제를 얻어, 열심 씨도 잠시 시사 프로그램에 출연하게 되었습니다. 당연히 소정의 출연료도 받았죠. 이런 수입은 직장에서 번 돈이 아니라 어느 날 갑자기 얻은 일회성 소득이니 종합소득 중에서도 '기타소득'에 속합니다.

방송은 성공적이었습니다. 시청률이 평소보다 높게 나왔고, 여러 커뮤니티에서 언급되기도 했어요. 그래서인지 열심 씨에 대한 관심도 제법 높아졌습니다. 결국 열심 씨는 본업인 기자 일을 하면서 여기저기 강연도 다니고, 칼럼과 책을 집필하는 등 다양한 활동을 펼치게 되었어요. 그러다 보니 사례비를 주는 관계자들로부터 이런 질문을 자주 듣게 되었습니다.

"3.3%로 원천징수할까요? 8.8%로 원전칭수할까요?"

바야흐로 N잡의 시대입니다. 열심 씨처럼 회사 밖에서의 활동으로 수익을 챙기는 분들이 늘어나고 있어요. 물론 입금 내역을 확인하는 순간엔 마냥 기쁘고 뿌듯하지만, '세금은 어떡하지?'라는 생각이 들면 막막해지기 마련입니다. 평소에는 전혀 신경 쓰지 않던 세금을 직접 공부하고 신고하는 게 보통 일은 아니니까요.

열심 씨가 관계자들로부터 들은 알쏭달쏭한 질문은 대체 무슨 뜻일까요? 여기에 답하기 전, '프리랜서'에 관한 개념을 이해해야 합니다. 소위 프리랜서들은 근로소득이 아닌 **사업소득**으로 돈을 받습니다. 이건 사업자등록증은 없지만 노동을 제공하는 사업을 하고 있단 뜻이에요. 직장인들이 원천징수를 거치듯이 프리랜서들도 일에 대한 대가 중 3.3%를 세금으로 뗀 후 (즉, 원천징수를 거친 후) 입금을 받아요. 일정에 맞춰 작업물을 제출하는 프리랜서 디자이너, 기본급이 없고 매월 실적에 따라 돈을 타가는 공인중개사 사무실의 직원 등이 3.3% 프리랜서에 해당합니다.

열심 씨가 처음에 받은 방송 출연료의 경우, 디자이너나 공인중개사의 소득보다는 좀 더 일시적으로 얻는 소득입니다. 기자라는 본업이 있다는 점까지 감안하면 열심 씨의 활동은 아무래도 3.3% 프리랜서가 아닌 '기타소득'에 가깝죠. 기타소득을 받을 때는 약속된 금액에서 8.8%를 원천징수로 떼고 나머지를 실수령하게 됩니다.

참, 이 과정에는 숨겨진 세금 할인 혜택이 있어요. 국세청에선 특정 요건에 해당하는 기타소득에 대해 '경비'가 있다고 봐주거든요. 가령 열심 씨가 돈을 벌러 방송국까지 가기 위해 교통비도 쓰고 메이크업도 받았다고 해볼게요. 1회성 출연료에 대한 기타소득을 받을 때는 이런 경비를 증빙하지 않아도, 받은 돈의 60%를 지출했다고 봐줍니다. 100만 원을 벌었을 때 60만 원을 썼다고 보고 40만 원에 대해서만 세금을 매기는 거예요.

기타소득의 원천징수세율은 지방소득세 포함 22%인데요. 관계자들이 열심 씨에게 '8.8%로 원천징수하겠다'고 이야기한 건 '경비 60%를 제하고, 남은 40%에 대해 22%의 세금을 매기겠다'는 말과 동일합니다. 총 지급액의 40%에 다시 22%를 곱하면, 결국 총 지급액의 8.8%를 세금으로 떼는 셈이니까요!

가령 여러분이 예능 프로그램에 출연해 500만 원의 기타소득을 얻은 짜릿한 상황을 상상해봅시다. 여러분은 아무것도 하지 않아도 500만 원의 60%인 300만 원을 필요경비로 인정받아요. 그리고 500만 원의 8.8%인 44만 원을 세금으로 떼게 되는 겁니다.

언뜻 숫자만 보면 3.3%의 세금만을 떼는 사업소득이 8.8%를 떼는 기타소득보다 유리해 보일 수도 있습니다. 하지만 사업소득은 3.3%를 떼고 나서도 종합소득세 신고 기간에 재신고를 해야 해요. N잡 등의 이유로 근로소득이 있는 경우 종합소득세의 룰에 따라 근로소득과도 합쳐서 신고해야 하고요. 그럼 자연히 세율도 올라가는 데다 세금도 많이 냅니다.

게다가 본인이 사업으로 벌어들인 '매출'과 돈을 버는 과정에서 지출한 '비용'도 꼼꼼하게 작성해야 하는데요. 그때는 증빙 없이도 60%의 필요경비를 인정해주는 기타소득과 달리 실제로 사용한 경비만 기입할 수 있어요. 반면 기타소득은 필요경비 60%를 차감하고 난 '기타소득금액'의 합이 300만 원을 넘지 않는다면 종합소득세 신고 때 합산해서 신고하지 않아도 돼요.

이쯤에서 열심 씨가 받은 질문으로 돌아가볼게요.

"3.3%로 원천징수할까요? 8.8%로 원전칭수할까요?"

열심 씨는 3.3%와 8.8% 중 하나의 옵션을 택할 수 있습니다. 만약 100만 원의 출연료를 얻은 열심 씨가 기타소득으로 돈을 받으면, 실수령액은 원천징수 8.8%를 거친 91만 2,000원이 됩니다. 기타소득이 아닌 프리랜서로서의 사업소득으로 따져 받으면 실수령

세상 친절한 세금 수업

액은 원천징수 3.3%를 거친 96만 7,000원이 되고요. 흠, 차이가 크진 않지만 치킨 한두 마리 값도 다 내가 공들여 번 돈인데, 그냥 사업소득으로 받으면 어떨까요?

하지만 말했다시피 사업소득의 길에는 종합소득세 신고라는 거대한 방지턱이 기다리고 있습니다. 만일 열심 씨가 3.3%로 돈을 받는다면, 추후 종합소득세 신고 기간에 이 100만 원에 대한 신고를 꼭 해야만 해요. 본업이 있는 열심 씨는 근로소득으로 얻은 돈에 사업소득으로 얻은 100만 원을 합친 금액에 해당하는 높은 세율로 종합소득세를 내야 하고요.

열심 씨의 과세표준이 1,500만 원이라고 생각해봅시다. 이때 열심 씨의 종합소득세 세율은 과세표준이 1,400만 원 초과~5,000만 원 이하일 때 책정되는 세율인 15% 구간입니다. 열심 씨는 100만 원의 15%인 15만 원을 세금으로 똑 떼게 됩니다. 기존에 미리 낸 3.3%는 임의적으로 걷은 세금이기 때문에 15만 원과 3만 원(0.3%는 지방소득세로, 종합소득세를 낸 후 마지막에 지불해요. 여기선 일단 지방소득세를 제외하고 계산할게요)의 차이인 12만 원에 지방소득세를 더한 금액을 추가로 납부해야 합니다. 부수입 100만 원을 당장 받을 때는 기타소득 세율인 8.8%보다 더 낮은 사업소득 3.3%에 더 끌리겠지만, 무작정 3.3%를 선택했다간 이처럼 종합소득세라는 함정에 빠질 수 있다는 걸 기억합시다.

그럼 열심 씨도 기타소득 8.8%의 세계만 잘 알아두면 될까요? 안타깝지만 그럴 순 없어요. 어엿한 유명인이 된 열심 씨는 매달 방송에 출연하면서 월급 같은 출연료를 받게 되었거든요. 이런 건 일회성의 기타소득이 아니라 지속적인 경제활동으로 벌어들이는 사업소득에 속합니다. 그러나 열심 씨는 이 사실을 까맣게 몰랐습니다. 자기의 본업이 기자이며 월급 외의 수익은 모두 '기타'라고 생각해버린 거예요. 열심 씨는 별생각 없이 방송에 대한 수입을 기타소득으로 받았고, 8.8%의 세금을 원천징수로 뗐고, 종합소득세 신고도 성실히 진행했습니다.

일이 커진 건 방송사가 세무조사의 대상이 된 후였습니다. 열심 씨의 소득에 관해 알게 된 국세청은 이를 문제 삼았어요. 열심 씨가 돈을 벌기 위해 지출한 경비라고는 방송국을 오갈 때의 교통비와 촬영 때의 메이크업 비용뿐인데, 굳이 사업소득이 아닌 기타소득으로 세금 신고를 하면서 60%의 필요경비를 과하게 인정받았단 거였죠. 결국 열심 씨는 덜 낸 세금에 더해 가산세까지 물게 되었습니다.

물론 열심 씨의 입장에선 어이가 없고 억울할 거예요. '난 그냥 주는 대로 받은 건데, 아무도 안 가르쳐줬는데! 왜 내가 가산세를 내야 해?' 이런 마음도 충분히 이해가 돼요. 일하기도 바빠 죽겠는데 세금 계산기를 하나하나 두드릴 시간이 어디 있겠어요. 하지만 돈을 주는 회사나 방송국은 늘 일회적으로 원천징수를 하는 입장일 뿐입니다. 돈을 받아가는 사람이 지난 달에도 지지난 달에도 꼬박꼬박 소득을 챙겨갔는지를 하나하나 계산해가며 지급할 수는 없는 노릇이에요. 소득 신고에 만전을 기울이는 건 우리 각자의 몫입니다. N잡을 시작하고 싶다면, 골치 아파지기 싫다면! 기타소득과 사업소득 정도는 똑 부러지게 구분할 줄 알아야 합니다.

N잡러 필독! 사업소득과 기타소득의 차이점

	사업소득	기타소득
원천징수 세율	3.3%	특정 인적용역의 경우 8.8%
종합소득세 신고는?	신고 필수	기타소득금액 300만 원 이하일 때 신고 안 해도 됨(선택)
소득의 특징	계속적·반복적 소득	일시적 소득
필요경비	직접 챙겨야 함 혹은 단순경비율·기준경비율 적용	특정 인적용역의 경우 필요경비 60% 자동 인정

중고거래 열심히 했을 뿐인데, 사업가가 되었다?

사이드잡과 세금 신고

경제는 오락가락 기울고, 통장은 갈수록 얄팍해지는 요즘. 직장인 사이에서 N잡이나 사이드잡(부업)이 대세로 자리 잡은 것도 무리는 아닙니다. 2024년 8월에 실시된 통계청의 조사에 의하면 2024년 4월부터 6월까지 부업을 경험한 취업자는 무려 월평균 67만 6,000명이었어요. 이런 경향에 호응하듯 사이드잡의 세계는 점점 무궁무진해지는 중입니다. 스마트스토어부터 배달까지, 웹소설 연재부터 해외 직구 사업까지! 부수입을 만들려는 노력의 불꽃이 나날이 커지는 중이죠.

하지만 현실적으로 생각해보면 덜컥 N잡에 뛰어들 수만은 없는 게 사실입니다. 여러분도 공감할 거예요. '회사가 내 부업을 눈치채면 어쩌지?' 하는 걱정도 들고, '세금은 또 어쩌고?' 하는 불안도 떠오릅니다. 회사는 우리의 N잡을 어디까지 알 수 있을까요? 부업 한번 잘못 건드렸다가 세금만 왕창 내게 되는 건 아닐까요?

자, 머리 아픈 고민은 잠시 접어둡시다. 지금부터 N잡에 얽힌 진실 혹은 거짓을 시원하게 밝혀볼게요. 우선은 세금 신고법부터 이해해야겠죠? N잡의 꿈을 펼치는 많은 분들이 3.3% 프리랜서 형태로 부업에 입문합니다. 때로는 '이미 세금 떼고 받는 거니까, 내가 따로 처리할 필요는 없겠지?' 같은 착각을 하기도 해요. 이건 자칫 어마어마한 고지서를 불러오는 위험한 생각입니다.

3.3%는 어디까지나 임의로 뗀 세금이라, 종합소득세 신고를 꼭 진행해야 해요. 연말정산처럼 회사가 알아서 다 해주는 게 아니거든요. 8.8%를 떼고 받는 기타소득도 마찬가지입니다. 1년에 번 기타소득금액이 300만 원 이상이라면, 종합소득세 신고를 반드시 챙겨야 합니다.

당근에도 크림에도 세금이 붙는다

3.3%를 떼는 프리랜서와 8.8%를 떼는 기타소득자들의 공통점은 뭘까요? 결국 세금을 원천징수하고 신고해주는 누군가로부터 돈

을 '받는' 입장이란 거예요. 앞서 만나본 기자 열심 씨도 방송국을 통해 세금을 떼고 부수입을 얻었죠. 비록 사업소득을 기타소득으로 분류한 탓에 곤란한 상황에 처하긴 했지만, 어쨌든 열심 씨의 세금 기록은 국세청과 방송국에 꼬박꼬박 남았습니다.

열심 씨보다 더 큰 문제는 아무런 세금도 떼지 않으면서 수익을 올릴 때 벌어집니다. 대표적인 예는 온라인 거래 앱인 '당근(중고거래 플랫폼)'과 '크림(한정판 거래 플랫폼)'이에요. 만약 여러분이 꾸준히 신발을 사서 크림에 재판매(리셀)하는 식으로 쏠쏠한 돈을 만진다면, 국세청은 여러분을 사업자로 판단합니다. 개인이 지속적이고 반복적으로 돈을 벌기 위해 독립적인 노력을 한다는 것 자체가 사업 행위에 해당하거든요.

이건 원천징수율이 3.3%인지 8.8%인지를 따지는 케이스와는 명확히 다릅니다. 열심 씨는 방송에 출연하는 대가로 돈을 수령하는 입장이었지만, 크림에서 수백만 원의 이득을 올리는 개인들은 어디에도 속하지 않은 상태로 또 누구의 의뢰도 받지 않은 상태로 능동적인 수익 활동을 이어가는 입장이니까요.

이럴 때 국세청은 해당 개인에게 '과세예고통지서'라는 알림장을 보냅니다. 대한민국에서 일하는 사업자들은 전부 부가가치세와 종합소득세를 내야 하는데, 그걸 내지 않았으니 얼른 세금을 납부하라고 재촉하는 겁니다. 게다가 국세청이 맘대로 사업자등록까지 해버려요. '납세자님 활동 내역을 살펴보니, 작년 3월부터 매출을 올리셨네요. 그날을 사업 시작일로 계산해서 부가가치세와 종합소득세를 이만큼 매겨봤어요!' 식으로 매콤하게 나오니, 받는 사람 입장에선 황당할 수밖에 없습니다. 부가가치세는 무려 매출의 10%를 떼는 세금이잖아요.

더 구체적인 사례를 살펴볼게요. 여러분도 '에어비앤비'라는 숙박 공유 플랫폼을 잘 알 거예요. 사업자가 아닌 개인이 '호스트'가 되어 자신의 방이나 집을 빌려주고, 그곳에 방문하는 '게스트'에게 대가를 받는 방식으로 운영되던 곳이죠. 한때 호스트들은 에어비앤비를 통해 벌어들인 수입에 대한 세금을 아예 내지 않았습니다. 본인들은 사업자가 아니라 그저 몇만 원 받고 며칠간 방을 빌려주는 사람일 뿐이라는 이유에서였어요. 그러나 곧 국세청이 출동했습니다. 에어비앤비로 번 돈에 대한 종합소득세뿐 아니라 부가가치세까지 매겨 통지한다는 뉴스가 뜨자, 많은 이가 세금의 무서움을 실감했습니다. 당시의 호스트는 자기 소유가 아닌, 월세나 전세 형태로 기거하는 방을 에어비앤비에 올려 돈을 벌던 이들이 대부분이었습니다. 국세청은 집주인에게도 고지서를 보내 '당신과 계약한 세입자가 집을 사업용으로 썼으니 부가가치세를 납부해달라'고 알렸습니다.

아찔하지 않나요? 이처럼 설령 플랫폼을 경유한다 해도, 사업이라 판단되는 수익을 꾸준히 얻으면 국세청의 레이더에 다 걸리게 됩니다. 부업을 고려할 때 '3.3% 혹은 8.8%' 같은 소득세 원천징수만 생각했다간 상상치도 못한 10%의 부가가치세 폭탄을 맞을 수도 있어요. 본격적인 부업을 펼치고 싶다면 '내가 사업자로 보이지는 않을지'까지 고민해봐야 합니다.

회사는 내 부업을 알까, 모를까?

사실 고정적인 직장이 있는 N잡러들의 질문은 결국 여기로 통할 겁니다. 우리가 하는 사이드잡, 회사는 알고 있을까요? 혹시 다 알면서도 모르는 척해주는 건 아닐까요?

사이드잡의 종류는 크게 둘로 나뉘어요. 4대보험을 회사와 나눠서 납부하는 형태인 '근로', 그리고 앞서 살펴본 '사업(3.3% 프리랜서 혹은 사업자등록)'입니다. 여러분이 두 곳의 일터에서 근로 형태로 일한다면, 회사는 쉽게 눈치챌 수 있어요. 회사로 매년 날아오는 '국민연금 기준소득월액 정기결정통지서'라는 서류의 월 보험료란에 '둘 이상'이란 알림이 떡하니 찍히거든요.

국민연금 납부 금액으로도 들킬(?) 수 있습니다. 두 개의 회사에서 근로할 경우, 국민연금과 건강보험, 산재보험도 이중으로 내게 되는데요. 이 중 국민연금은 N잡으로 벌어들이는 총 소득에 따라 계산법이 조금씩 달라져요. 우리에게 친숙한 회사가 4.5%, 직원이 4.5%를 납부하는 방식은 두 회사에서 받는 월급이 세전 617만 원일 때까지만 통하는 계산법입니다. 617만 원을 초과하는 순간부터는 월급 비율에 따라 국민연금을 정산하게 돼요. 쉽게 말해 두 직장 중 월급을 더 많이 주는 곳이 국민연금 보험료도 더 물게 되는 겁니다. 월급 전부를 합친 금액에 대한 비율을 따지는 거라, 직원이 부담하는 보험료도 회사가 부담하는 보험료도 훨씬 커져요. 이러니 회사가 모를 리 만무하죠. 월급은 300만 원밖에 안 주는데, 국민연금은 300만 원어치보다 더 내야 하니까요.

고용보험 가입이 안 되는 경우에도 이상하게 볼 수 있습니다. 고용보험은 두 개 이상의 사업장에서 가입할 수 없기 때문이에요. 월평균 보수를 많이 주는 곳 → 월 근로시간이 많은 곳 → 근로자가 선택한 곳 순으로 우선 가입이 가능합니다. 가령 여러분이 A회사에서 200만 원을 받는 동시에 B회사에서 300만 원을 받고 일한다면, 보수가 높은 B회사 앞으로 고용보험이 잡힙니다. A회사의 고지서엔 고용보험 항목이 뜨지 않고요. 직원의 고용보험이 뜨지 않는 건 상당히 특수한 경우라 투잡을 알아챌 수밖에 없습니다.

근로가 아닌 '사업(3.3% 프리랜서 혹은 사업자등록)' 형태로 돈을 번다면 어떨까요? 이럴 땐 회사가 알 길이 없습니다. 근로소득 외의

타 소득이 2,000만 원을 초과할 경우 건강보험료가 추가로 부과되긴 하지만 이건 100% 개인이 부담하거든요. 추가 납입하는 건강보험료가 있다면 연말정산용 자료를 제출할 때 '건강보험료 지역가입자' 부분에 해당 보험료가 뜨게 됩니다. 다만 그 보험료가 사업으로 인해 발생한 것인지, 이자나 배당금 등을 통해 발생한 것인지는 회사가 알 수 없어요.

제일 곤란한 상황은 회사에서 자료 제출을 요구할 때입니다. 회사에선 종종 직원 인건비 지원금을 받기 위해 직원의 '사실증명(사업자등록사실여부)'을 요청하곤 해요. 국세청 홈택스에서 발급할 수 있는 증명인데, 이 서류에는 사업자등록 여부가 명확하게 드러나기 때문에 N잡이 탄로나는 결정적인 계기가 됩니다.

돈 많이 벌면 대출도 알아서 나오는 줄 알았는데, 세금이 핵심이라고?

소득금액의 비밀

매년 5월의 세금 행사인 종합소득세 신고를 잘 끝내면, 7월 1일부터 국세청 홈택스에서 '소득금액증명'이라는 서류를 확인할 수 있습니다. 이 서류는 종합소득세 신고의 열매와도 같아요. 한 해의 순이익을 확정해주는 문서거든요.

소득금액증명에서 눈여겨봐야 할 부분은 두 개입니다. '총수입금액'과 '소득금액'이란 항목이에요. 총수입금액은 1년간 벌어들인 수익 전체를 의미합니다. 이 금액에서 비용을 제외한 순이익이 바로 '소득금액'이고요.

여러 차례 언급했듯 비용은 수익 활동을 위해 지출한 돈을 말해요. 예컨대 떡볶이 가게를 운영하는 김쌀떡 씨가 1년간 장사로 벌어들인 돈(=매출)이 1억이라면, 쌀떡 씨의 총수입금액은 1억이 됩니다. 다만 쌀떡 씨가 맨땅에서 마법으로 떡볶이를 만들어낸 건 아니죠. 만일 가게 운영을 위해 쌀떡 씨가 지출한 임대료나 공과금, 냅킨과 숟가락을 사는 데 쓴 돈을 다 합친 금액이 3,000만 원이라면, 이 돈은 비용으로 처리하는 게 가능합니다. 총수입 1억에서 비용인 3,000만 원을 빼주는 거예요. 결국 쌀떡 씨의 소득금액(=순이익)은 7,000만 원으로 확정됩니다. 세금도 이 7,000만 원에 대해서만 납부하면 돼요.

SNS엔 종종 '실수령 1억 달성!'이란 멘트와 함께 소득금액증명을 첨부한 분들의 사연이 돌아다닙니다. 본인의 성과를 자랑하기 위해, 혹은 모종의 홍보를 위해 공신력 있는 서류를 활용하는 겁니다.

그런데 첨부된 소득금액증명을 살펴보면 다른 항목은 전부 모자이크하고 총수입금액만 밝혀둔 경우가 생각보다 많습니다. 총수입금액은 비용을 제하지 않은 돈이니, 주장하는 것처럼 '실수령(순이익) 1억'은 아닌 셈이죠. 그러니 소득금액증명을 대충 보고 부러워할 필요는 전혀 없어요.

세금을 읽어야 대출을 아는 법

종합소득세 신고 기간이 다가오면, 대부분의 사람은 소득금액을 줄이려 고군분투합니다. 비용으로 인정받는 금액을 늘리기 위해 이런저런 서류를 영혼까지 끌어와 적용시키죠. 소득금액이 줄어들어야 세금도 줄어드니 당연한 일이에요. 더운 날 추운 날 가리지 않고 열심히 번 돈인데, 한 푼이라도 놓칠 순 없잖아요.

그런데 가끔은 세금 앞에서 유독 너그러워지는 분들이 있습니다.

> "전 대출받아야 해서요. 비용 처리 안 하고 그냥 세금 다 낼래요."

사실 대출과 함께할 때 세금은 양날의 검이 됩니다. 세금을 적게 낼수록, 즉 1년간의 순이익이 적다고 판단될수록 대출 가능한 금액도 적어지거든요. 반대로 세금을 많이 내면 국세청은 그를 '세금을 감당할 수 있을 정도로 경제적 배경이 탄탄한 사람'으로 판단합니다. 따라서 자연히 대출 가능한 금액도 높아져요. 돈을 갚을 확률이 높다고 보는 것이죠.

직장인이 아닌 분들에게 세금은 더더욱 복잡미묘한 존재입니다. 직장인은 4대보험 '직장가입자'로 분류되어 보험료를 회사와 개인이 반반 부담하는데요. 개인사업자와 프리랜서 등은 4대보험

'지역가입자'이기 때문에 높아지는 순이익은 오롯이 4대보험의 증가로 이어집니다. 소득이 많으면 보험료와 세금이 하늘까지 치솟고, 소득이 적으면 그만큼 대출이 어려워지고! 그런데 먹고살려면 대출은 받아야 하고! 소득금액을 향한 여정이 험난할 수밖에 없습니다.

소득과 대출은 얼마나 관련이 있을까요? 신용대출(빌리려는 사람의 신용을 보고 돈을 빌려주는 방식)의 경우, 보통은 소득금액의 두 배 정도를 대출해줍니다. 다만 프리랜서들은 소득금액만큼의 대출도 못 받는 경우가 많아요. 수입이 일정하지 않아서 돈을 갚을 확률을 계산하기도 어렵기 때문이죠. 실제로 저는 1억 원 이상을 버는데도 은행에서 '1,500만 원까지만 대출이 가능하다'는 이야기를 들은 프리랜서를 만난 적도 있습니다. 반면 수입이 꾸준한 직장인은 연봉 기준 50%~100% 정도의 금액을 빌리는 게 가능하고요.

소득금액이 적은 분들은 신용대출 앞에서는 불리하지만, 정책대출 앞에서는 유리해집니다. 정책대출은 정부가 저소득자 및 무주택자를 위해 제공하는 특별한 대출 혜택이에요. 소득금액이 적은 이들에 한해 이자를 적게 받고 돈을 빌려주는 복지성 제도죠.

사실 개개인의 대출 조건을 정확히 알기 위해선 은행에 직접 방문해야 합니다. 대출 가능 금액을 계산하는 나름의 공식도 있고 계산기를 제공하는 웹사이트도 있지만, 은행을 찾아가 상담하는 게 무엇보다 확실한 방법이에요. 그렇다곤 해도 아무것도 모른 채 은행 창구에 냅다 앉을 순 없겠죠. 소득금액증명과 대출의 관계를 이해하고, 내 소득 내역을 알뜰히 챙겨놓는 사전 작업은 누가 시키지 않아도 알아서 준비해야 할 필수 코스랍니다.

수강료 100% 환급해준다는 광고, 정말일까?

기타소득 이모저모

호기심 많고 에너지 넘치는 회사원 김성실 씨의 취미는 새로운 일에 도전하는 것. 최근에는 자격증 공부에 흥미가 생겼어요. 영어, 일본어, 중국어는 물론 이런저런 컴퓨터 프로그램 자격증까지, 뭐가 됐든 망설이지 않고 한번씩 배워보고픈 마음입니다.

손품을 팔아 인터넷 강의 사이트를 찾아보던 성실 씨는 유독 눈에 띄는 광고 배너를 발견했습니다. "수강생 긴급 모집, 합격 시 수강료 100% 환급!"이라는 매력적인 광고였죠. 환급 조건이나 절차도 간단했습니다. 강의를 듣고, 시험에 응시하고, 합격 후 인증하기만 하면 끝이었어요. 다만 광고 배너의 구석엔 이런 문구가 작게 붙어있었습니다. "제세공과금은 별도입니다." 대충 세금을 뗀다는 이야기 같았습니다. 성실 씨는 문득 궁금해졌습니다. '제세공과금 별도란 게 무슨 말이지? 세금을……얼마나 가져간단 거야?'

자, 기타소득의 법조문부터 살펴볼게요.

> 기타소득은 이자소득·배당소득·사업소득·근로소득·연금소
> 득·퇴직소득 및 양도소득 외의 소득으로서 다음 각 호에서
> 규정하는 것으로 한다.

즉 기타소득도 말만 '기타'일 뿐, 법으로 정해둔 세부 항목들이 다 존재합니다. 그리고 세부 항목 중 17번 '사례금'이 바로 우리가 찾는 '수강료 환불'에 해당해요.

국세청은 합격 등의 특정한 요건을 충족할 때 지급하는 수강료 환급금을 일종의 사례금으로 판단하는데요.. 사례금은 필요경비 가 인정되지 않는 항목입니다. 성실 씨가 환급금을 얻기 위해(합격 하기 위해) 추가적으로 문제집을 사서 풀고, 시험장까지 택시를 타 고 갔다 해서 그 비용을 세금에서 제해줄 수는 없다는 뜻입니다. 그렇다면 성실 씨가 100만 원짜리 자격증 수강료를 결제한 후 시 험에 합격해 환급을 받게 되었을 때, 실제로 입금되는 돈은 얼마 일까요?

기타소득은 20%의 세율을 적용하여 원천징수합니다. 거기에

2%의 지방소득세도 함께 붙고요. 100만 원의 22%가 세금으로 나간단 뜻이에요. 결국 세금을 원천징수한 후, 최종적으로 성실 씨가 얻게 되는 실수령 환급금은 78만 원입니다. 만약 50만 원을 결제했다면 39만 원, 30만 원을 결제했다면 23만 4,000원을 받죠. 그러니 '수강료 100% 환급'은 받는 사람 입장에선 '수강료 78% 파격 할인 쿠폰'에 가까운 겁니다.

요리사 그리고 간첩

자격증 합격과 환급금 사냥을 성공적으로 마친 성실 씨는 다음 목표를 '요리'로 정했습니다. 먼저 근처 스튜디오에서 주말마다 열리는 쿠킹 클래스에 등록했고, 각종 요리 예능을 정주행하며 프로들의 솜씨도 엿보기 시작했습니다. 성실 씨가 유독 푹 빠진 예능은 넷플릭스의 인기 요리 예능인 〈흑백요리사〉입니다. 솜씨 좋은 요리사 100명이 모여 최후의 1인에 도전하는 요리 서바이벌이죠. 우승 상금은 무려 3억 원이었습니다. 태블릿 화면 너머 '3억'이라는 글자를 빤히 바라보던 성실 씨는 문득 생각에 빠졌습니다. '저기에도 다 세금이 붙겠지?'

세상 친절한 세금 수업

1. 상금, 현상금, 포상금, 보로금 또는 이에 준하는 금품

당연히 상금에도 세금이 붙습니다. 기타소득의 세부 항목 1번이 바로 상금이거든요. 물론 상금 전액에다 세금을 매기는 건 아닙니다. 상금에 관한 세금은 누가 주최하는 대회인지, 어떤 사람이 참가할 수 있는 대회인지에 따라 조금씩 달라져요.

첫째, 세금을 아예 안 내는 상금도 있습니다. '국가기관 및 지방자치단체로부터 받는 상금과 부상'은 세금 없이 전액을 타갈 수 있어요. 대표적인 예는 소설가 한강 님입니다. 노벨상 또는 외국 정부로부터 상을 받는 수상자의 상금과 부상은 비과세거든요.

둘째, '공익법인이 주무관청의 승인을 받아 시상하는 상금 및 부상'의 경우엔 상금의 80%를 필요경비로 쳐줍니다. 만일 상금이 1억 원이라면, 상금을 얻으려 노력하는 과정에서 아무런 비용을 지출하지 않았다고 해도 상금의 80%인 8,000만 원을 사용했다고 인정해주는 식입니다. 그럼 남은 20%인 2,000만 원에 대해서만 세금을 내면 되니 마음의 짐도 지갑의 짐도 훨씬 덜어지겠죠?

셋째, '다수가 순위를 경쟁하는 대회에서 입상자가 받는 상금 및 부상'의 경우에도 80%의 필요경비를 적용해줍니다. 다만 이 '다수'라는 표현엔 다시 조건이 붙어요. 예컨대 성실 씨가 일반 시민을 대상으로 하는 '시민 줄넘기 대회'나 전국민 모두가 자유롭게

도전해 경쟁하는 서바이벌 프로그램 〈슈퍼스타K〉에 나가 상금을 받은 경우, 성실 씨는 80%의 필요경비를 인정받을 수 있습니다. 반면 특정 회사의 직원 및 직원 가족을 대상으로 '우리 회사 가족의 밤' 등을 열고 수상자에게 상금을 지급할 땐 필요경비를 인정해주지 않습니다. 참가 대상이 불특정다수인지 아닌지에 따라 갈리는 겁니다.

〈흑백요리사〉는 어떨까요? 섭외 과정이 세세하게 알려지진 않았으니 불특정다수가 순위를 다투는 대회일 수도 있고, 아닐 수도 있습니다. 80%의 필요경비를 인정받을 수도 있고 아닐 수도 있단 이야기죠. 아래 표를 통해 두 사례를 모두 살펴볼까요? 참고로 80%의 경비를 인정받든 받지 못하든, 기타소득의 연간 순이익이 300만 원을 넘기 때문에 다른 소득과 합해 종합소득세 신고를 진행해야 합니다.

〈흑백요리사〉와 세금, 한눈에 보기

총 상금	3억 원	
80%를 필요경비로 인정받을 때	6,000만 원에 대해서만 22%의 세금을 내면 됨	세금은 1,320만 원 → 3억 - 1,320만 원 = 통장에는 2억 8,680만 원이!
80%를 필요경비로 인정받지 못할 때	3억 전체에 대해 22%의 세금을 내야 함	세금은 6,600만 원 = 통장에는 2억 3,400만 원이!

재미있는 사례를 하나 더 볼게요. 인터넷 커뮤니티 곳곳에서 몇 년째 꾸준히 유행하는 질문글이 있습니다. 바로 "만약 십년지기 친구가 간첩이라는 사실을 알게 된다면, 나는 신고를 한다? 만다?" 입니다. 신고를 하고 포상금을 받겠다는 사람도 있고, 의리를 지킬 거라는 답변도 꽤 있어요. 참고로 간첩 신고로 얻을 수 있는 포상금은 최대 20억 원인데요. 이건 노벨문학상과 마찬가지로 기타소득 비과세 항목입니다. 내 통장에 20억 원이 그대로 꽂힌다는 뜻이죠. 십년지기 친구와 세금 문제 없는 20억이라니, 여러분은 어떤가요? 고민이 깊어지지 않나요?

로또는 세금의 친구

이렇게 현실에 몰두하는 성실 씨라도 금요일에는 꿈만 같은 미래를 찾아 어딘가로 향하곤 합니다. 바로 복권 판매점! 1,000원짜리 자동 로또를 다섯 장 사는 것이 성실 씨의 소소한 행복입니다. 하지만 로또 당첨금도 기타소득에 속하기 때문에, 1등에 당첨되더라도 소득세를 내야만 해요.

2. 복권, 경품권, 그 밖의 추첨권에 당첨되어 받는 금품

복권에도 작고 소중한 필요경비가 있습니다. 바로 로또 복권 한 장을 사는 데 들어가는 1,000원입니다.

지금까지 우리나라에서 나온 가장 높은 당첨액수는 2003년 4월의 19회에서 발표된 약 407억 원이에요. 입이 저절로 벌어지는 금액인데요. 자, 만약 성실 씨의 진심이 하늘에 통해서 로또 1등에 당첨되었고 그 금액이 407억 원이라면, 성실 씨는 세금을 얼마나 뗄까요?

로또의 경우 3억 원 이하까지는 다른 기타소득과 마찬가지로 22%의 세율을 적용합니다. 대신 3억 원을 넘기는 금액에 대해서는 33%의 세율을 적용해요. 즉 당첨금이 407억 원일 땐 3억까지는 22%의 세금을, 나머지 404억에 대해서는 33%의 세금을 뗍니다. 결론적으로 실수령액은 약 273억 원이 되고요. 성실 씨가 지금 1등에 당첨된다면, 약 134억 원을 세금으로 내는 셈입니다. 참, 실제 19회 당첨자는 당시의 세율에 따라 세금을 조금 덜 냈답니다.

로또는 무조건 '분리과세'를 해줍니다. 다른 소득과 합산하지 않고 로또 당첨금만 별개로 세금 계산을 한단 뜻이에요. 만약 당첨금을 다른 소득과 합쳐 계산해버리면, 1등 당첨자는 로또 덕에 소득이 크게 잡혀 45%의 세율 구간에 진입하고 맙니다. 그럼 1년 소득 전체의 절반이 세금으로 빠지는 불상사가 일어날 수도 있어요.

나름의 전략을 세워 로또를 구매하는 성실 씨도 종종 당첨의 축

복을 받곤 합니다. 비록 아직은 4등(5만 원)이나 5등(5,000원)에 불과하지만요. 여러분도 운이 좋은 날엔 4등이나 5등에 종종 당첨될 텐데요, 이런 소소한 금액은 200만 원까지는 세금을 매기지 않습니다. 로또 4등 당첨금 정도는 세금 없이 누릴 수 있는 작은 행복인 셈이죠.

"더 낸 세금, 돌려드립니다!"
진짜 돌려받을 수 있을까?

세금 환급, 그리고 세금 앱

'세금을 환급해주겠다'는 파격적인 광고가 화제를 샀던 적이 있죠? 많은 분이 호기심을 느끼고 간편 인증을 거쳐 환급액을 확인해봤을 텐데요. 이렇게 세금을 돌려달라고 신고하는 일을 '경정청구'라고 부릅니다. 경정청구는 최대 5년간 할 수 있어요. 가령 2020년에 발생한 소득을 2021년 5월에 신고했다면, 2026년 5월까지 경정청구가 가능합니다.

굳이 세금 앱을 통하지 않아도 직접 환급액을 조회할 수 있습니다. 국세청 홈택스에서 '종합소득세 신고도움 서비스'를 검색해보면 돼요. 여기에 적힌 기납부세액이 여러분이 환급받을 수 있는 최대 금액이랍니다.

환급금을 받으면서도 '난 딱히 세금을 낸 기억이 없는데, 이 돈은 어디서 온 거지?'라고 생각한 분들이 있었을 거예요. 보통 그건 프리랜서로 일하며 고용주로부터 입금을 받았을 때 미리 낸 세금입니다. 결국 원천징수의 결과물이죠. 예컨대 여러분이 3.3%를 원천징수당하는 프리랜서 일을 통해 300만 원을 벌었을 때, 실수령액은 9만 9,000원을 뺀 290만 1,000원이었을 겁니다. 원천징수된 세금 9만 9,000원은 고용주가 알아서 국가에 납부했을 테고요.

이 9만 9,000원은 고스란히 여러분의 '기납부세액(미리 낸 세금)'으로 기록됩니다. 1년 동안, 프리랜서로서 돈을 벌 때마다 3.3%의 기납부세액도 차곡차곡 쌓여요. 직장인들이 매달 월급을 받으며 원천징수로 소득세를 떼는 것과 마찬가지예요. 직장인들이 1년에 한 번 연말정산을 통해 세금을 환급받거나 추가로 납부하듯이, 프리랜서들도 1년에 한 번 종합소득세 신고를 통해 세금을 토하거나 돌려받습니다. 물론! 직장인도 연말정산 때 반영하지 못한 내역이 있다면 종합소득세 신고를 추가로 할 수 있습니다.

환급을 받는다는 건 '미리 낸 세금'이 더 크다는 뜻입니다. 자, 제가 프리랜서 분들을 중심에 두고 이야기하는 이유가 지금부터 등장해요. 환급을 받아간 분들 대부분은 프리랜서가 본업이면서 소득이 엄청나게 높진 않은(3,600만 원 미만 정도) 경우였어요.

이유가 뭘까요? 그 분들이 몇 년간 종합소득세 신고 자체를 누락했기 때문입니다. 그럼 국세청이 출동하지 않느냐고요? 조금 얄밉긴 하지만, 국세청은 '내야 할 세금이 있는데 신고를 누락한 납세자들'에게만 알림을 보냈습니다. '환급받아야 할 세금이 있는데 신고를 누락한 납세자들'에겐 따로 조치를 취하지 않았습니다. 환급을 잔뜩 받아간 분들이 바로 여기에 해당했던 겁니다. 일할 때 3.3%를 떼고 받았다면 추후 종합소득세 신고 기간에 신고를 진행하며 마땅히 돌려받아야 하는데, 신고 자체를 하지 않으니 환급액도 차곡차곡 쌓여만 갔던 거예요. 국세청 입장에선 '내야 할 세금을 안 낸 것도 아닌데 뭐, 일단 그냥 두자! 나중에 받아가겠지?' 싶었던 거고요.

이렇게 프리랜서들이 환급을 받아갈 때, 사업자등록을 통해 사업을 굴리는 사업자들도 입맛을 다시며 너나할 것 없이 환급을 외쳤습니다. 사실 단순하게 생각해보면 사업자는 환급을 받을 만한 금액이 없어요. 직장인이나 프리랜서와는 달리 돈을 지급하는 고용주가 없고, 그러니 원천징수를 통해 따로 세금을 떼고 받지도 않기 때문이죠. 즉 '미리 낸 세금'이 0원이었던 겁니다.

그런데 실제로는 사업자들도 환급을 받는 게 가능합니다. 프리랜서와는 조금 다른 원리인데요. 사업자의 경우, 기존에 종합소득세를 납부하는 과정에서 세액공제나 세액감면 같은 정부의 혜택을 놓쳤을 때 경정청구를 통해 환급금을 타갈 수 있어요. 세액공

세상 친절한 세금 수업

제와 감면은 어디까지나 개인이 챙겨야 하는 영역이라 놓치는 분들이 많습니다. 다만 경정청구가 능사는 아니에요. 정규 신고 기간에 맞춰 신고하지 않았다면 추후 경정청구 자체가 불가능한 혜택도 있거든요. 청년 사업자들의 사랑을 듬뿍 받는 '창업중소기업세액감면'이 대표적입니다. 종합소득세가 5년간 최소 50%, 최대 100%까지 감면되는 엄청난 혜택이지만, 일단 제때 신고를 해야 경정청구도 가능하겠죠?

인공지능 뒤에 사람 있어요

일하기도 바빠 죽겠는데 세금까지 하나하나 챙겨야 한다니. 그냥 세금 앱에 몽땅 맡겨버리면 몸도 마음도 편하지 않을까요? 얼핏 듣기론 최신식 앱에는 사람보다 똑똑한 AI가 24시간 상주한다던데요.

실제로 최근엔 '삼쩜삼'이나 'SSEM', '비즈넵', '세이브잇'처럼 세금 신고와 관리를 도와주는 플랫폼이 늘어났어요. 어떤 분들은 막연히 이런 앱의 기반이 인공지능AI일 거라고 생각하기도 하고요. 하지만 얼핏 AI 체제를 도입한 듯 보이는 세금 플랫폼의 뒤편에선 수많은 세무대리인들이 일하고 있습니다.

실제로 한 플랫폼에선 도입 초기에 세무사들의 존재를 숨기기도 했습니다. 고객 몰래 임의의 세무대리인에게 고객의 정보를 넘겨 세금 신고를 처리하다가 과징금을 낸 적이 있죠. 이후에는 고객이 앱 속에서 세무사의 존재를 인지하고 직접 세무사를 선택할 수 있도록 시스템이 변경되었습니다. '더 낸 세금을 돌려주겠다!'며 간단 환급액 조회 서비스를 홍보하는 앱들도 비슷합니다. 결국 최종 신고를 처리하는 건 해당 앱과 제휴한 세무사의 몫이에요.

그러니 세금 신고를 도와주는 플랫폼을 이용할 땐 기본적으로 이용자 본인이 정확한 정보를 알고 기입해야 합니다. 암만 기술이 발전했다 해도 세금 신고는 사람이 처리하는 일입니다. 앱 속에서 계산기를 두들기는 세무사들도 고객이 제공한 정보에 의지해 신고를 진행할 수밖에 없어요.

저는 현재 세무사 사무실을 운영하고 있습니다. 이리저리 바뀌는 세법을 잘 챙겨 직원들을 가르치고, 직원들이 능숙해지도록 열심히 연습시키는 일은 매번 하는데도 매번 쉽지 않아요. 꾸준한 시간과 노력을 들여야만 하니까요. 그런데 일부 앱에서는 다수의 아르바이트생을 모집한 후 짧은 시간 내에 교육시켜 반복 작업을 해내도록 가르치기도 합니다. 물론 과다한 업무량을 소화하기 위한 방안이겠지만, 고객 개개인의 구체적인 사정과 세법을 고려하지 못해 신고가 누락되거나 잘못되는 일이 벌어지기도 합니다.

제가 전하고 싶은 말은 간단해요. 세금은 돈과 법을 모두 다루

세상 친절한 세금 수업

는 영역이라, 마냥 무신경하게 대한다면 추후 부담은 나에게 돌아옵니다.

안 그래도 N잡러라 머리 아픈데,
사이드잡 찍먹만 했을 뿐인데,
올해만 어쩌다 바짝 벌어서 기타소득 좀 생겼을 뿐인데!
세금 정도는 아무 데나 맡겨도 되지 않을까?

이런 생각이 드는 것도 다 이해합니다. 편리한 세금 앱들은 분명 바쁜 현대인에게 탁월한 선택지가 되어주니까요. 다만 혹시나 서류가 누락되진 않았는지, 깜빡하고 챙기지 못한 부분은 없는지, 환급 혜택을 놓치진 않았는지 등은 스스로 체크해야 합니다. 책을 시작하며 당부했듯이, 세금은 언제나 대비하는 자의 편이랍니다.

연예인들은 왜
법인으로 건물을 살까?

법인 맛보기

우리는 종종 '배우 ○○가 지분 100%의 법인을 만들어 빌딩을 매입했다'는 식의 뉴스를 봅니다. 사실 인물과 금액 정도만 달라질 뿐이지 뉴스 내용 자체는 늘 비슷비슷해요. 예컨대 200억 원짜리 건물을 구매했는데, 그중 본인이 가진 돈(현금)은 50억 원만 쓰고 나머지 150억 원은 은행에서 대출을 받아 채웠다는 식입니다. 뉴스 기사 댓글의 반응은 각양각색이에요. '대출이 저만큼 나오다니 그 사실만으로도 놀랍다'는 분도 있고 '나랑은 다른 세계 같아서 허탈하다'는 분도 있죠. 여러분도 비슷한 댓글을 수없이 봐왔을 겁니다.

그렇다면 연예인들은 왜 법인으로 부동산 거래를 하는 걸까요?

법인의 정체는 뭐고, 어떤 장점이 있는 걸까요? 지금부터 찬찬히 알아봅시다. 그간 두루뭉술하게만 이해했던 뉴스를 제대로 알아듣게 될 거예요.

법인을 세우면 대우가 달라지니까

평범한 사업자들은 창업을 할 때 보통 개인사업자를 등록하고 시작합니다. 창업이 성공으로 이어질지 실패로 끝날지를 확신할 수 없기 때문이에요. 개인사업자의 장점은 명확합니다. 말 그대로 '개인' 사업자라, 내가 번 돈을 내가 혼자 다 써도 세금만 잘 내면 아무도 토를 달지 않아요. 유연하게 사업을 굴리는 것도 가능하고요. 법인사업자는 조금 다릅니다. 법인을 만든다는 건 개인과는 다른 별개의 인격을 만들어내는 일입니다. 만들기도 어렵지만 없애기도 어렵죠.

그럼에도 법인을 선택하는 이유는 우대 혜택을 무시할 수 없기 때문입니다. 우선 각종 지원사업이나 프로젝트를 신청할 때도 법인이라면 우대를 받기 쉬워요. 기업 간 거래, 은행과의 거래, 기관과의 거래에서도 법인의 가치를 인정해주는 경우가 많고요. 실제로 저는 큰 계약을 앞두고도 '법인이 아니라 개인사업자라서' 계약에 실패한 분들을 여럿 봤습니다.

대출과 부동산 면에서도 법인의 이득을 무시할 수 없어요. 법인 명의로 건물을 살 땐 건물값의 80%를 대출로 메우는 게 가능하거든요. 여러분이 법인을 세운 사장님이라고 한번 상상해봅시다. 20억짜리 건물을 사고 싶은데, 영혼까지 긁어모은 자금이 4억 원에 불과하다면? 나머지 16억 원은 대출로 충당할 수 있습니다. 대출에 붙는 이자를 고려해도 그리 나쁜 선택은 아니에요. 건물을 통해 수익을 올리는 게 가능하니까요. 우리 법인의 사무실로 활용해 수익 활동을 활발히 펼친다거나, 건물주로서 세를 주고 임대수익을 얻는다거나. 무궁무진한 방법으로 돈을 모아 이자를 납부할 수 있잖아요.

이제 가상의 사례를 통해 세금을 계산해봅시다. 여기 15년 차 배우 홍길동 씨가 있습니다. 직업을 사랑하는 길동 씨는 15년간 단 하루도 쉬지 않고 연기 활동을 펼쳐왔어요. 그래서 고수입 연예인의 반열에 오르게 되었습니다. 길동 씨의 종합소득세 세율은 무려 45%에 육박해요. 버는 돈의 절반 정도를 세금으로 내는 셈이죠.

그간 길동 씨는 재테크에 딱히 관심이 없었습니다. 세금을 내라면 냈고, 공제 가능한 항목이 있다면 슬쩍 챙겨보는 정도였어요. 물론 기본적으로는 소속사의 도움을 받았고요. 그런데 결혼을 준비하며 재테크를 공부하다 보니, 부동산을 하나 사둬야겠다는 생각이 문득 솟았습니다.

이때 길동 씨가 '개인'적으로 건물을 구입하고, 다시 그 건물에 세를 주어 임대수익까지 얻게 된다면 어떨까요? 고소득자인 길동 씨는 임대수익의 절반을 세금으로 내게 됩니다. 기껏 부동산을 샀는데 별다른 이득을 보지 못하는 거예요. 연예인처럼 개인 소득이 많은 사람들이 법인을 세우는 이유는 바로 이 때문입니다. 만일 길동 씨가 법인을 세워 법인 명의로 건물을 산 후 임대수익을 올린다면, 개인으로서의 소득세 45% 대신 19%의 법인세만 내면 끝이에요. 법인을 운영하기 위한 직원을 뽑지 않아도 법적으로 전혀 문제없어요. 물론 법인에 쌓아둔 돈을 길동 씨 개인으로서 받아올 때는 소득세를 내야 하지만, 개인 소득이 줄어들었을 때(세율이 45%가 아닐 때) 천천히 빼올 수 있어 좋습니다. 세금 수도꼭지를 획기적으로 잠글 수 있는 길이죠.

건물을 처분할 때도 법인이 이득입니다. 내가 가진 건물을 누군가에게 팔 때는 '양도소득세'라는 세금이 발생하는데요. 뒤에서 자세히 살펴보겠지만, 이건 개인 명의로 거래할 때 어마어마하게 불어나는 세금입니다. 기본적으로는 종합소득세와 마찬가지로 6%에서 45%의 세율을 적용해요. 다만 양도로 벌어들인 이득이 5억 원을 초과하면 40%, 10억 원을 초과하면 45%의 세율에 따라 세금을 납부해야 합니다. 반면 법인은 건물을 양도할 때도 대부분

19%의 세율만을 적용받기 때문에 내야 할 세금이 팍팍 줄어듭니다. 외에도 증여세, 상속세, 건강보험료까지 개인에 비해 활용 방안이 무궁무진해요.

법인 설립을 오랫동안 망설이는 사업자들도 있습니다. 대개 '법인에 돈이 묶인다'는 점 때문인데요. 법인을 통해 수익을 올리면, 아무리 1인 법인이라 해도 급여나 배당 등을 통해서만 법인의 돈을 개인 계좌로 인출할 수 있습니다. 예컨대 홍길동 씨가 법인 명의로 건물을 굴려 1억 원의 임대수익을 올렸다 해도 그걸 고스란히, 한꺼번에 길동 씨의 개인 계좌로 옮기기는 어려워요. (회사 사장님들도 전부 월급을 받는다는 사실, 알고 있죠? 회사의 이득이 곧바로 사장님의 이득이 되진 않습니다.) 다만 현실적으로 부동산 임대법인을 운영하는 분들의 주 목적은 법인 명의로 부동산 수익을 관리하는 일이에요. 돈이 묶인다는 단점보다도 세금이 줄어든단 장점을 훨씬 우선해 판단합니다.

입장 바꿔 생각하자! 내가 법인 건물의 임차인이라면?

세금 이득이고 뭐고 다 알겠는데, 어쩐지 자꾸 찜찜한 기분이 들지 않나요? 법인을 통한 건물 거래는 왠지 다른 세상 이야기인 것 같죠. 대출을 끼워 건물을 매입했던 연예인들의 뉴스가 들려올 땐 괜히 기분이 안 좋기도 하고요. 건물값인 200억 원 중 본인 돈은 50억뿐이고 무려 150억이 대출금이라니! 이거 진짜 괜찮은 거 맞나요?

사실 법인을 통한 부동산 구입은 고소득 연예인들만의 전유물이 아닙니다. 법인 자체가 부동산 담보 대출(구입하려는 해당 부동산을 담보로 잡아 돈을 빌려주는 방식) 앞에서 압도적으로 유리해요. 연예인이라 언론에 자주 보이는 것일 뿐 일반인 사업자들도 널리 사용하는 방법이랍니다. '하여튼 부자들이 더한다니까!' 같은 얄미운 마음은 들지만, 이건 탈세가 아니라 합법인 절세에 해당하는 전략입니다. 얄미워한다 해도, 시사 상식으로 합법·불법 여부만은 알아두자고요.

은행에서 건물값의 80%까지 대출을 허락해주는 이유도 다 있습니다. 만약 해당 법인이 대출금과 이자를 갚지 못한 채 폭삭 망한다 해도, 그 건물을 경매에 넘기면 충분히 대출금을 회수할 수 있다고 계산하는 거예요. 건물을 임대로 굴려 수익을 버는 임대법인의 경우엔 세입자들이 내는 임대료가 지속적으로 들어올 테니 이자쯤은 쉽게 낼 수 있으리라 판단하는 거고요.

경매라는 단어가 등장하니 간담이 서늘해지죠? 맞아요, 사실 '조건 좋은 건물에 세를 들고 싶은데 알고 보니 그게 법인 소유라

망설여진다'는 이야기는 임차인들의 대표적인 걱정입니다. 이번에는 관점을 한번 바꿔봅시다. 우리가 법인 건물에 임차인으로 들어가는 입장이라면 어떤 부분을 유의해야 할까요?

임차인들이 법인 건물주를 꺼려하는 주된 이유는 '건물에 대출이 너무 크게 끼어있어서'이기도 합니다. 40억 원을 주고 산 건물에 대출이 38억 원이나 달려있으니 한발 물러서게 되는 거죠. 이럴 땐 주변 부동산 여러 곳에 '이 동네 시세'를 질문해봅시다. 시세가 40억 원인데 해당 건물에 달린 대출은 38억 원이라면? 그냥 도망가는 게 현명해요. 건물을 경매로 팔아서 40억 원을 만들어봤자 38억 원이 고스란히 은행으로 돌아가게 되잖아요. 반면 시세가 100억 원, 대출이 38억 원인데 해당 건물에 선순위 임차인(나보다 돈을 먼저 받아가는 사람)이 없다면? 나중에 건물이 홀라당 경매로 넘어간다 해도 60억 원 이상의 가치를 창출하니 내 보증금도 충분히 돌려받을 수 있어요.

최악의 상황까지 상상해볼게요. 건물이 경매로 팔리면 어떻게 될까요? 내 보증금이 1순위로 돌아올까요? 안타깝게도 임차인인 나보다도 먼저 돈을 가져가는 곳들이 있습니다. 해당 법인에 직원이 근무했을 경우 퇴직급여도 줘야 하고, 연체된 세금이 있다면 국세청에도 납부해야 하거든요. 그런데 현실적으로 계약 전에 이런 사항들을 꼬치꼬치 캐묻는 건 불가능하겠죠. 대신 임대인의 동의를 얻어 미납된 국세를 살짝 열람해보는 방법이 있습니다. 혹시나 건물이 경매로 넘어갔을 때 '내 앞 순서에서 세금으로 돈이 얼마나 빠지는지'를 알아보는 거예요.

또 만일 계약을 진행했다면 상가든 주택이든 전입신고와 확정일자 처리를 빠르게 마쳐야 합니다. 사실 이건 굳이 법인사업자의 건물이 아니라도 마찬가지예요. 법인이라 해서 늘 위험하지만도 않고, 개인이라 해서 늘 안전하지만도 않으니까요. 무조건 당일, 늦더라도 계약 다음 날엔 부리나케 전입신고를 하거나 확정일자를 받아둡시다.

4장

똑똑한 투자를 위한 세금 이야기

주식 달랑 1주 거래할 때도
세금을 내야 할까?

주식과 세금

여러분도 주식을 굴리고 있나요? (이 책을 집었으니, 적어도 관심이 없진 않겠죠?) 우리가 어렴풋이 생각하는 것보다도 한국인들은 더 주식에 진심입니다. 한국예탁결제원이 발표한 자료에 의하면 2023년 12월 31일 기준, 국민의 27%가 상장주식을 보유하고 있어요. 우리나라 인구의 4분의 1 정도가 주식을 1주 이상 가진 셈입니다.

　여기서 잠깐, 상장주식은 무엇일까요? 사실 주식에는 두 개의 커다란 카테고리가 있습니다. '상장주식'과 '비상장주식'이 그 주인공이에요. 상장주식은 주식시장에 공개적으로 발표된 회사의 주식입니다. 우리가 흔히 주식 하면 떠올리는 그 개념이에요. 회사를 둘러싼 중요한 이슈나 재무제표 같은 자금 현황도 투명하게 공개

되고, 누구나 접근해서 사고팔 수 있죠. 여러분도 증권사 앱에 들어가서 손가락만 몇 번 까딱이면 상장주식의 주인이 됩니다.

반면 비상장주식은 시장에 대대적으로 공개되지 않은 주식이에요. 개개인이 알음알음 사고팔거나 사설 업체가 운영하는 플랫폼 등을 통해 은밀하게 거래하는 것만 가능합니다. 내가 사고 싶다해서 무조건 살 수 있는 것도 아니고요. 상장기업과 달리 기업 관련 이슈나 재무제표를 꼬박꼬박 공개할 의무가 없어서, 외부인으로서는 해당 주식회사가 잘 운영되고 있는지, 재무 상태가 탄탄한지를 파악하기가 어렵습니다.

이렇게만 들으면 '그럼 왜 굳이 비상장주식을 사는 거야?'라는 의문이 들 수도 있겠네요. 비상장주식에 투자하는 건 미래의 가능성과 잠재력을 점치는 일입니다. 비상장한 주식회사가 추후에 상장기업으로 발돋움하면 주식의 가치가 훨씬 높아지거든요. 그럼 일찌감치 비상장주식을 사뒀던 주주들은 큰 이득을 보는 거고요.

CEO인 백종원 님이 2024년에 상장한 주식회사, '더본코리아'를 예시로 들어볼게요. 더본코리아는 원래 비상장기업에 속했습니다. 전 국민이 다 아는 유명한 중견기업이지만 CEO가 굳이 상장을 원하지 않는다면 규모가 커도 비상장기업으로 남을 수 있거든요. 더본코리아의 상장 소식이 알려지자 투자자들이 술렁인 것도 이런 이유 때문입니다. 30년이 넘는 업력을 자랑하는 유명한 기업이 주식시장에 들어선다는데 화제가 될 수밖에요.

상장을 하려면 IPO Iniitial Public Offering, 즉 기업 공개를 해야 합니다. IPO는 최초로 대중에게 기업의 정보를 공개한다는 뜻이에요. 더본코리아가 얼마를 버는지 등의 주요 정보를 누구나 확인할 수 있게 되는 거죠. 기업 공개 후 상장을 진행하면서 주식을 '공모(공개모집)'하게 되는데요. 이때 더본코리아의 주식을 사고 싶어 하는 투자자들이 공모에 참여할 수 있어요. 투자자들이 "저도 살래요" 하고 예약금을 걸어두면, 기업은 나눠줄 수 있는 주식의 일부는 균등하게, 일부는 투자자들이 넣은 돈에 비례해 배정합니다.

주식도 국세청이 한입 떼어가요

상장주식을 한 번이라도 팔아본 적이 있다면 여러분은 이미 세금을 납부한 겁니다. 세금의 이름은 바로 '증권거래세', 주식을 팔 때 거래를 한다는 이유만으로 붙는 세금이죠. 이건 수익과는 전혀 상관이 없는 항목이에요. 이득을 보고 팔든 손해를 보고 팔든 증권거래세는 따박따박 따라옵니다.

계산은 간단해요. 내가 주식을 판매한 금액인 '매도금액'에 그해의 증권거래세율을 곱해주면 끝입니다. 예컨대 여러분이 2025년

봄에 30만 원짜리 주식을 1주 팔았다면, 증권거래세로 떼는 돈은 2025년의 증권거래세율 0.15%을 곱한 450원입니다. 참 소소한 금액이죠? 하지만 눈물이 절로 나는 손해를 보고 판매하는 입장에선 이 450원마저 미워지기 마련입니다.

사실 상장주식에 붙는 증권거래세는 증권사에서 알아서 계산해주기 때문에 별도로 신경 쓸 일이 없어요. 조금 더 까다로운 건 비상장주식인데요. 투자자가 증권거래세를 직접 계산해서 국세청 홈택스에 신고해야 합니다. 신고는 반기마다 이뤄지고, 세율은 0.35%로 상장주식의 세율보다 조금 높은 수준이에요.

주식을 잘 굴리면 매매차익을 보게 됩니다. 내가 주식을 샀을 때보다 비싸게 판다면 매매차익이 생기는 셈이에요. 이 매매차익에는 '양도소득세'라는 세금이 따로 붙습니다. 이득을 봐서 소득을 올렸으니 세금을 납부하라는 취지예요. 다행히 국내주식의 경우, 소액주주의 양도차익에는 세금이 붙지 않습니다. 어마어마한 규모의 주식을 굴리는 대주주들만 세금을 납부하죠.

해외주식 시장에선 이야기가 달라집니다. 소액주주도 대주주도 전부 양도소득세를 내야 하거든요. 물론 기본적인 공제를 해주긴 해요. 양도차익에서 연간 250만 원은 빼줍니다. 1년간 250만 원 이상의 해외주식 양도차익을 올렸을 때만 양도소득세를 내면 됩니다. 이 세금 신고는 증권사에서 대신 해주기도 하는데요. 종종 직접 신고해야 하는 경우도 있어요. 그럴 땐 다음 해 5월 1일부터 31일까지, 종합소득세와는 별개로 국세청 홈택스에서 진행하면 됩니다.

공제해주는 250만 원은 웬만한 신입사원들의 월급과 맞먹는 돈이지만, 해외주식 투자에 열정적으로 임하는 분들이라면 금세 얻을 수 있는 수익이기도 합니다. 더 큰 미래를 꿈꾸는 서학 개미들을 위해서 잠깐 해외주식에 대한 양도소득세를 계산해볼게요.

우선은 '취득가액'을 구해야 합니다. 애초에 주식을 얼마에 샀는지를 보는 거예요. 해당 해외주식의 1주 금액에 구매한 수량을 곱하고, 다시 결제일 당시의 환율을 곱해주면 됩니다. 세금은 늘 원화로 계산하거든요. 주식을 얼마에 팔았는지를 보는 '양도가액'도 똑같은 공식으로 구하면 되고요.

취득가액: 취득단가(1주 금액) × 주식 수 × 결제일의 환율
양도가액: 양도단가(1주 금액) × 주식 수 × 결제일의 환율

이후 양도가액에서 취득가액을 빼주고, '필요경비'로 인정되는 거래 수수료와 증권거래세도 추가로 제외해줍니다. 물론 기본공제도 잊지 말아야겠죠! 250만 원도 뚝딱 빼주면 '양도소득 과세표준'이 완성됩니다.

양도가액 – 취득가액 – 필요경비 – 기본공제 250만 원

= 과세표준

    세금은 이 과세표준에 대해서만 내는 겁니다. 다른 세금들과 마찬가지로 과세표준에 세율을 곱하면 돼요. 해외주식에 대한 양도소득세 세율은 지방세 포함 22%로 결코 적지 않은 금액이라, 수많은 개미 투자자가 아쉬운 한숨을 내쉬곤 합니다.

    주식을 굴리다 보면 배당금도 받죠? 앞 장에서 한 번 살펴봤듯, 배당소득에도 일일이 15.4%의 세금이 붙습니다. 해외주식이라도 예외는 없어요. 배당금을 다 계산해서 똑 떼어간답니다. 참, 배당소득세는 기본적으로 원천징수되는 항목이라 투자자가 특별히 신경 쓸 일은 없는데요. 연간 이자소득과 배당소득을 합친 금액이 2,000만 원을 초과할 땐 꼭 종합소득에 합산해서 종합소득세로 신고해야 해요. 이 시스템을 '금융소득 종합과세'라고 부릅니다.

주식과 세금 네비게이션

주식을 샀다

세금 없음

배당금을 받았다

배당소득세 by 증권사

배당금 + 이자소득 2,000만 원 이상일 땐 by 내가 종합소득세 신고

주식이 올라 팔았다

양도소득 기본공제 250만 원

국내 소액주주　양도소득세 생략

해외　소액주주, 대주주 모두 양도소득세 by 증권사, 직접 신고

증권거래세 by 증권사, 직접 신고

주식 한번 해볼까?

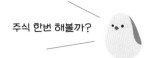

내 주식에는
어떤 쓸모가 있을까?

주식과 지분

우리가 거래하는 주식들 간엔 공통점이 하나 있습니다. 전부 '주식회사 ○○' 식의 이름을 가졌다는 거예요. 주식회사의 주식을 구매한 투자자, 즉 주주들에게는 특별한 권리인 의결권이 부여됩니다. 회사 경영진 측에 본인의 의견을 피력하고 영향력을 끼칠 권리를 누리게 된단 뜻이에요. 주식을 많이 보유한 주주일수록 의결권의 힘도 커집니다. 예컨대 3%의 지분율을 가진 주주라면 '주주총회를 열어달라'고 요청하거나 이사의 해임을 요구할 수 있어요.

회사 대표가 혼자 운영을 이끌어가는 소규모 비상장기업의 경우, 대표님이 회사의 지분을 100% 보유하곤 합니다. 동업자가 있다면 각각 50% 등으로 나누기도 해요. 앞서 본 더본코리아 역시 상장 전에는 CEO인 백종원 님이 회사 지분의 76.69%를, 부사장인 강석원 님이 21.09%를 가지고 있었죠. 이렇게 주로 회사 내에서만 돌던 지분을 주식시장에 일부 내놓는 일이 바로 '상장'이랍니다. 일반인 투자자, 혹은 해당 기업에 관심이 있는 다른 기업들이 그 주식(지분)을 사가는 거고요.

지분을 25% 보유한다면 주주총회에 단독 출석하더라도 이사와 감사를 선임할 수 있습니다. 33%를 보유한다면 주주총회를 통해 회사 정관도 변경할 수 있고, 이사와 감사를 해임할 수 있어요. 51%라면 주주총회에서 다른 사람들과 의견이 충돌하더라도 이사 및 감사의 선임과 배당에 대한 의사결정을 독단적으로 내리는 게 가능합니다.

재벌가를 소재로 한 드라마에서는 종종 '외부 세력에 의해 기업 경영권을 빼앗길 위기에 처한 오너 일가'의 모습이 등장하는데요. 이것도 다 지분 다툼 때문이에요. 지분율이 67%에 이르면, 주주총회에 주주 전원이 출석해 옥신각신 싸우는 상황에서도 높은 지분율로 모두를 압도할 수 있거든요.

여기서 잠깐, 지극히 현실적인 지분율에 익숙해지기 위해 우리 일상과 가까운 기업 몇 개를 소개해볼게요. 먼저 약 513만 명이 투자하고 있는 삼성전자의 지분 현황입니다. 2024년 12월 기준, 기업이 아닌 개인으로서는 고 이건희 회장의 배우자인 홍라희 씨가 가진 지분이 가장 큽니다. 전체 지분 중 1.64%를 보유하고 있거든요. 그 다음으로는 홍라희 씨의 첫째인 이재용 씨가 1.63%, 둘째인 이부진 씨가 0.8%, 셋째 이서현 씨가 0.79%의 지분을 들고 있습니다.

삼성전자 다음으로 투자자들의 사랑을 받는 카카오의 지분 현황도 살펴볼까요? 지분율 1위는 창업주인 김범수 씨입니다. 2024년 12월 기준, 김범수 씨의 지분율은 13.29%예요.

엔터테인먼트 업계의 상황도 비슷합니다. YG엔터테인먼트의 지분은 설립자인 양현석 씨가 가장 많이 가지고 있고(19.33%), JYP엔터테인먼트의 지분 역시 설립자인 박진영 씨의 몫이 가장 큽니다(15.38%). 전반적인 숫자가 생각보다 소소해서 떨떠름해진 분들도 있을 것 같네요.

앞서 짧게 언급했듯, 2025년 1월을 기준으로 상장주식 양도소득세는 대주주들만 납부하고 있습니다. 여기서 '대주주'란 1%(코스피), 2%(코스닥), 4%(코넥스) 이상의 지분율을 가졌거나 50억 원 이상의 주식을 보유한 사람을 의미해요. 코스피와 코스닥, 코넥스는 시장의 이름인데요. 코스피는 누가 봐도 큰 기업, 코스닥은 코스피보다는 규모가 작지만 유망한 기업, 코넥스는 상대적으로 규모가 작은 중소기업이 속한 시장이에요.

삼성전자와 카카오는 코스피 시장에 자리한 기업입니다. 그러니 웬만큼 투자해서는 대주주의 자리에 오를 수 없어요. 삼성전자의

세상 친절한 세금 수업

지분을 1.64% 보유한 홍라희 씨는 엄청난 대주주예요. 삼성전자 주식만 9,797만 주 이상 가지고 있거든요. 삼성전자의 주가가 6만 원이라고 가정할 때, 15억을 들여 삼성전자 주식을 사들여도 2만 5,000주에 불과해 대주주가 되지 못합니다. 적어도 8만 3,333주는 들고 있어야 대주주가 되어 세금을 내죠.

나도 주주총회에 갈 수 있을까?

여기까지 들으면 주식이니 주주총회니 지분율이니 하는 이야기가 나와는 너무 먼 세계처럼 느껴질 텐데요. 사실은 여러분도 주주총회에 참석할 수 있어요.

주주총회는 말 그대로 주식을 가진 주주들끼리 모여 회사의 실적을 보고받고, 중요한 의사결정을 내리는 행사입니다. 1주를 보유한 소액주주도 기업에겐 소중한 주주예요. (실제로 참석하는 경우가 드물 뿐) 참석을 원한다면 소액주주도 얼마든지 걸음할 수 있습니다.

저도 삼성전자의 정기 주주총회에 참석한 적이 있는데요. 한 해의 실적을 주주들에게 보고하고 설명하는 자리였죠. 임원을 선임하거나, 임원이 받아가는 보수의 한도를 정하는 일도 주주총회에서 이뤄집니다. 여러분도 애정을 담아 굴리는 주식이 있다면 한 번

쯤 주주총회에 참석해보세요. 회사가 어떻게 운영되는지, 최근의
실적과 전망은 어떤지를 생생하게 보고받을 수 있답니다.

잠깐! 주식총회 풍경 엿보기

주목!
우리 뱁새 컴퍼니의 경영을 책임질
이사를 뽑겠습니다.

주주 여러분의 질문을 받겠습니다.
저희의 올해 전략이 궁금하지 않으세요?

배당금도 정해봅시다.
올해 뱁새 컴퍼니 주주들에겐
배당금을 얼마나 나눠주는 게 좋을까요?

세상 친절한 세금 수업

논란의 금투세,
왜들 그렇게 싸웠던 걸까?

금융투자소득세

뉴스에서 한 번쯤은 스치듯 '금투세'라는 말을 들어봤을 겁니다. 유예를 한다느니, 폐지를 한다느니, 누구는 반대하고, 누구는 찬성하고……. 2024년 12월, 결국 폐지하는 쪽으로 가닥이 잡히긴 했지만 금투세(금융투자소득세)를 둘러싼 문제는 최근 몇 년간 그 무엇보다도 뜨거운 세금 이슈였어요. 대체 금투세가 뭐길래 다들 치열하게 싸웠던 걸까요?

금융투자소득세는 2020년 6월, 문재인 정부의 '금융세제 선진화 추진 방향'에 따라 모습을 드러냈습니다. 원래는 2023년부터 시행될 예정이었지만, 주식시장이 침체되지 않을까 하는 우려로 곧장 시행되진 않았어요. 시행을 유예하던 중에 결국 폐지된 셈이죠.

금투세의 시스템은 생각보다 간단합니다. 주식이나 채권, 펀드 같은 금융투자상품에 투자해서 얻은 모든 소득에 포괄적으로 세금을 매기는 거예요. 원래 소액주주는 (해외주식에 대해서는 세금을 내지만) 국내주식으로 얻은 이익에 대해선 양도소득세를 내지 않죠? 그런데 금투세가 도입되면 국내주식으로 얻은 이익에도 세금이 붙게 됩니다. 이 때문에 적지 않은 사람들이 '금투세는 곧 주가 폭락의 길'이라는 주장을 펼쳤어요. 세금 떼길 꺼려하는 투자자들이 국내주식에서 하나둘 발길을 돌릴 것이고, 그럼 곧 주식시장 자체가 얼어붙을 거란 추측이었죠.

사실 금투세는 어떤 것에는 세금을 매기고, 또 어떤 것에는 세금을 안 매기는 일이 형평성에 어긋나니 '금융투자소득'이라는 구분으로 전부 세금을 매겨주자는 기조였습니다. 가령 국내 상장주식을 보유한 소액주주가 상장주식 양도차익에 대한 세금을 내지 않는 것처럼, 채권 양도차익이 있는 개인 투자자들도 세금을 내지 않는데요. 이렇게 자산별로 세금 부과 여부를 나누지 말고 그냥 다 세금을 떼어버리잔 의도였어요.

또 '경제적 실질이 같다면 같은 방법으로 세금을 매기자'는 취지도 있었습니다. 결국은 모두 금융소득인데, 어떤 건 배당소득으로 쳐서 세금을 매기고 어떤 건 양도소득으로 쳐서 세금을 매기니 헷갈린다는 거죠. 즉 개인이 이자·배당·사업·근로·연금·기타소득이

세상 친절한 세금 수업

생기면 세금을 내는 것처럼 금융투자소득이라는 별도의 카테고리를 만들어 깔끔한 과세 체계를 세우려는 시도였습니다.

금투세 멀티버스로 떠나보자

잠깐 재미 삼아 금투세가 시행된 세계를 그려봅시다. 때는 금투세가 도입된 2025년 2월! 소액투자자인 회사원 김성실 씨는 여전히 국내주식에 퐁당 빠져 있습니다. 성실 씨는 삼성전자나 카카오, 네이버처럼 몸집이 큰 기업을 믿고 투자하는 성향이에요. 어쨌든 우리나라를 지탱하는 대기업과 함께 미래를 도모하고 싶거든요. 경험이 더 쌓이면 비상장주식이나 해외주식까지 얼른 섭렵해볼 작정이죠.

이 경우 성실 씨는 1그룹 상품을 굴리는 투자자에 속합니다. 갑자기 웬 그룹이냐고요? 사실 금융투자소득은 다시 두 개의 그룹으로 나뉘어요. 1그룹의 대표적인 주자는 국내에서 거래되는 상장주식입니다. 외에도 'K-OTC'에 자리한 중소·중견기업의 주식 등이 1그룹에 속해있어요. K-OTC는 코스피, 코스닥, 코넥스 뒤에 위치한 제4주식시장인데요. 코스피·코스닥·코넥스가 한국거래소의 관리하에 운영되는 '장내시장'이라면 K-OTC는 일종의 '장외시장'

으로 분류됩니다. 거래되는 주식도 비상장주식이고요.

2그룹의 대표주자는 해외주식입니다. 외에도 채권, 장외에서 거래되는 국내 상장주식과 비상장주식(K-OTC 제외), 선물 등의 파생상품이 2그룹에 속해요.

이렇게 그룹을 나누는 이유는 세금 납부 때문입니다. 1그룹에 속하는 주식들의 금융소득을 모두 합쳐 5,000만 원까지 공제해주고, 2그룹에 속하는 주식들의 금융소득을 모두 합쳐 250만 원까지 공제해주거든요.

즉 '장내거래되는 국내의 상장주식'인 삼성전자, 카카오, 네이버의 주주 성실 씨는 연간 5,000만 원 이하의 양도소득에 대해선 세금 0원 혜택을 받습니다. 양도차익으로 5,000만 원 이상을 벌어들일 때만 원천징수를 통해 금투세를 떼게 돼요. 공제를 적용한 금액이 3억 원 이하인 경우엔 지방소득세 포함 22%를, 3억 원을 초과하는 경우엔 27.5%의 세금을 냅니다.

이 가상의 멀티버스에는 '투자 손실 이월공제'라는 제도도 생겼어요. 가령 큰맘 먹고 해외주식에 뛰어든 성실 씨가 비명이 절로 나오는 손해를 봤다고 생각해봅시다. 성실 씨는 2025년에 해외주식을 굴리다 총 1,000만 원을 잃었어요. 당연히 시름시름 앓아누웠지만, 곧 위기를 기회로 바꾸기 위해 해외주식 콘텐츠를 하나부터 열까지 탐독했습니다. 그리고 드디어 2027년 가을, 재도약

세상 친절한 세금 수업

에 성공했어요. 무려 3,000만 원의 이득을 올린 겁니다. 이 경우 원래라면, 즉 금투세가 폐지된 현실의 대한민국이라면 성실 씨는 3,000만 원 전체에 대한 세금을 내야 합니다. 하지만 금투세 멀티버스의 성실 씨는 2025년에 맛봤던 실패의 결과인 1,000만 원을 이월해 쓸 수 있어요. 3,000만 원에서 1,000만 원을 뺀 2,000만 원에 대해서만 세금을 내는 게 가능하단 의미입니다. 투자 손실 이월 공제는 이런 거예요. 최대 5년간 투자로 본 손실을 이월해 사용할 수 있습니다.

슬슬 멀티버스에서 빠져나와 봅시다. 이제는 금투세가 확실한 폐지의 길로 접어들었으니까요. 다만 뉴스나 시사 프로그램에선 종종 금투세 이야기가 언급될 겁니다. 금투세 도입을 주장하는 사람이 다시 나타날 수 있겠죠. 그러니 기나긴 싸움이 소강된 김에 금투세의 기본 시스템 정도는 이해해두고, 똑똑한 금융 생활의 주춧돌을 쌓아놓자고요.

비트코인에는
세금이 안 붙는다?

가상자산과 세금

2021년, 엘살바도르에서는 세계 최초로 비트코인을 법정 화폐로 채택했습니다. 이어 2022년에 중앙아프리카공화국도 같은 길을 밟았죠. 이런 역사를 먼저 말해두는 이유는 하나입니다. 비트코인이 화폐냐, 자산이냐에 따라 세금도 획획 달라지거든요. 비트코인이 화폐라면 세금을 붙이는 게 무의미합니다. 그냥 교환을 위한 수단이니까요. 비슷한 예로는 상품권을 들 수 있어요. 5만 원짜리 상품권으로 백화점에 가면 뭘 할 수 있죠? 5만 원짜리 상품을 하나 살 수 있습니다. 그게 전부예요. 일반적으로는 차익이 발생하지 않아요.

여기까지 들으니 이상하단 생각이 들지 않나요? 예컨대 '비트코인이랑 상품권이 같다고? 말도 안 돼!' 같은 생각이요. 맞아요, 여러분의 인식처럼 우리나라에선 비트코인이 자산으로 취급됩니다. 금융자산이라 투자가 가능하고, 투자로 인한 수익이 발생할 수 있으니까요. 정부도 2021년부터 비트코인과 같은 가상자산에 세금을 매기려는 시도를 계속하고 있습니다.

정부의 '가상자산 세금 계획'을 쉽게 설명하기 위해 상황을 하나 설정해볼게요. 여기 코인을 굴리는 투자자, 김비트 씨가 있습니다. 비트 씨는 친구로부터 쫑긋한 권유를 받아 대박코인을 1,000만 원에 구매했어요. 그 후 신나는 흐름에 올라타 실컷 이득을 본 후, 2,000만 원에 판매했고요. 1,000만 원의 수익이 생긴 셈이네요.

정부는 이렇게 발생한 수익 금액에서 250만 원을 기본공제해줄 계획입니다. 그 다음엔 지방소득세 포함 22%의 세율을 매겨 분리과세를 해주기로 했어요. 근로소득, 사업소득 등과 합쳐서 '종합소득'으로 세금을 따지지 않고, 딱 코인을 통해 얻은 금액에 대해서만 22%의 세금을 가져가겠단 의미입니다. 가상자산 소득을 일종의 기타소득으로 치는 겁니다. 결국 투자자 김비트 씨가 납부하는 세금은 1,000만 원에서 250만 원을 빼고, 거기에 다시 22%의 세율을 곱해준 165만 원입니다. 순이익은 835만 원. 여기에 매년 5월 세금 신고까지 직접 해줘야 하니, 신경 쓸 부분이 한두 개가 아니겠네요.

만약 '코인 세금'이 생긴다면, 어떻게 매길까?

세금을 계산하려면 우선 과세표준이 필요합니다. 여러분도 과세표준이란 단어엔 익숙해졌죠? 해당 소득 전체에서 이런저런 공제나 혜택을 전부 빼준 뒤 '이 돈에 대해서만 세금을 매기겠다!'고 정하는 금액이요. 가상자산을 세금 계산대에 올릴 때도 물론 과세표준이 필요합니다. 공식은 아래와 같아요.

> 코인을 판매하고 얻은 대가 – 필요경비 – 기본공제 250만 원
> = 과세표준

여기서 필요경비에는 '실제 취득가액(코인을 구매하는 데 든 비용)'과 '부대비용(가상자산 거래 수수료 등의 각종 수수료)'이 포함되는데요. 종종 논란의 도마에 오르는 건 이 중에서도 실제 취득가액 부분이에요. 코인을 구매하는 데 든 비용을 어떤 방식으로 계산할 것인가의 문제죠. 2025년 1월 기준 '총평균법'을 사용해 계산하는 쪽으로 가닥이 잡히고 있으니, 한번 총평균법을 활용해 코인의 취득가액을 구하는 연습을 해봅시다.

아까의 성공으로 자신감이 붙은 투자자 김비트 씨는 고민 끝에 가상자산을 추가 구매하기로 했어요. 우선은 1,000만 원을 주고

천재코인 하나를 샀습니다. 그리고 시간이 흐른 뒤, 3,500만 원을 주고 천재코인 두 개를 추가 매수했죠. 코인의 개수는 총 세 개, 총 금액은 4,500만 원입니다. 여기서 평균 구매 가격을 구해야 해요. 간단히 4,500만 원을 3으로 나누면 끝이고요. 총평균법에 따라 비트 씨의 천재코인 평균 구매 가격(=취득가액)은 개당 1,500만 원이 됩니다.

곧 김비트 씨는 재차 횡재를 맞았습니다. 1,000만 원에 샀던 천재코인 하나의 가격이 2,000만 원이 된 거예요. 비트 씨는 타이밍을 재다 천재코인 하나를 처분했습니다. 이때 '코인을 판매하고 얻은 대가'는 2,000만 원에서 1,500만 원을 뺀 500만 원이 돼요. 슬슬 과세표준의 윤곽이 잡히죠? 수수료 등의 부대비용이 0원이라고 상정하면, 비트 씨의 과세표준 계산은 아래와 같습니다.

$$2{,}000만\ 원 - 1{,}500만\ 원 - 250만\ 원 = 250만\ 원$$

이 과세표준에 세율 22%를 곱한 55만 원이 바로 자상자산에 대한 김비트 씨의 세금이에요.

참, 가상자산 세금에는 '의제취득가액 제도'라는 특별한 시스템도 따라붙습니다. 가령 2026년 1월 1일부터 가상자산에 대한 과세가 시작된다고 생각해봅시다. 여러분은 2025년 1월에 100만 원을 주고 친절코인을 사둔 상태고요. 그런데 2025년 12월, 예상치도 못한 잭팟이 터집니다. 친절코인의 값어치가 1,000만 원까지 오른 거예요.

여기서 여러분이 코인을 처분해도 세금이 없으니 900만 원의 차익은 고스란히 여러분의 몫이 되겠죠? 하지만 여러분은 상황을 좀 더 지켜보기로 했습니다. 아니나 다를까 2026년 3월이 되자 친절코인이 1,500만 원까지 훌쩍 올랐어요. 드디어 코인을 판매해 이득을 챙길 타이밍이 온 거예요.

문제는 2026년 3월에 코인을 팔면 '코인 세금'을 납부해야 한다는 겁니다. 샀을 때 100만 원, 팔았을 때 1,500만 원이니 여러분은 그 차익인 1,400만 원에 대해 세금을 뚝 떼야 합니다. 조금 억울하지 않나요? 분명 법 시행 전에 사둔 건데, 갑자기 코인에 대한 세법이 시행되면서 세금을 왕창 내게 생겼으니 말이에요.

의제취득가액 제도는 이럴 때 도움이 됩니다. 가령 친절코인의 취득가액을 애초의 100만 원이 아니라 (가상자산 세법이 시행되기 직전인) 2025년 12월 31일의 시세인 1,000만 원으로 쳐서 계산해주는 거예요. 결국 여러분은 법 시행 이후에 생긴 차익 500만 원에 대해서만 세금을 내면 됩니다.

그렇다면 이 모든 코인 과세는 대체 언제 시작되는 걸까요? 사실은 세무사인 저도 장담할 수 없습니다. 원래는 맨 처음 이야기가 나왔던 2021년에서 2년 유예를 결정해 2023년으로 미뤄졌는데요. 2023년에 다시 유예 결정이 내려져 2025년으로 미뤄둔 상태였거든요. 그런데 2024년 겨울에 또 다시 '2027년 1월로 유예하겠다'는 결정이 내려졌어요. 유예가 거듭되다 보니 코인 세금의 향방 자체도 불투명해지고 있습니다.

가상자산 세금은 무조건 0원일까? NO!

이 사실을 처음 알게 된 분들은 깜짝 놀라곤 합니다. "그럼 코인 하는 사람들은 세금을 안 낸단 거예요?"라며 확인차 되묻기도 해요. 정확히 말하면 코인 관련 세금이 무조건 공짜인 건 아닙니다. 예컨대 레퍼럴referral 소득이 발생했을 땐 반드시 신고를 해야 해요.

　레퍼럴 소득이란 쉽게 말해 '추천인 코드로 얻는 소득'입니다. (주로 블로거, 인플루언서 등이) '내가 제공하는 추천인 코드를 통해 거래소에 가입하면 수수료 할인 혜택을 누릴 수 있다'며 투자자들의 가입을 유도한 후, 거래소 측으로부터 개인 투자자들의 거래 수수료 일부를 떼어 받음으로써 수익을 올리는 방식이에요. 이렇게 받은 돈은 반드시 종합소득세 신고 기간에 직접 신고를 진행해야 합니다.

증여세, 상속세도 따박따박 붙어요. 누군가로부터 코인을 건네 받았다면 증여세를 내야 하고, 상속을 받았다면 상속세를 다 내 야 합니다. 현재 세금을 떼지 않는 항목은 코인을 사고팔며 얻는 '매매차익' 그리고 누군가에게 코인을 빌려주고 얻는 '대여 대가'뿐 이거든요.

사실 가상자산을 둘러싼 이런저런 세금 논쟁은 오래간 이어져 왔습니다. 하지만 당장 가상자산의 매매차익 등에 세금을 알알이 부과하기란 쉽지 않아요. 가상자산 시장을 똑바로 추적하고 관리 하려면 제도적으로도, 인식적으로도, 기술적으로도 공을 더 들여 야 하거든요. 가상자산 시장 자체가 엄청난 변동성을 품고 출렁이 는 곳이기도 하고요.

가상자산과 세금에 얽힌 논의는 앞으로도 끊임없이 진화할 겁 니다. 2027년, 혹은 그 이후에 제도가 슬그머니 자리 잡는다 해도 지속적인 조율 과정이 필요하겠죠. 그러니 코인에 입문하고 싶은 예비 투자자라면, 또 재산을 살뜰히 챙기고 싶은 초보 투자자라면, 코인 제도와 세금 이슈에 꾸준히 귀를 기울여보세요. 언젠가 그 정 보가 여러분의 투자에 힘을 보태줄 테니까요.

세상 친절한 세금 수업

재테크 왕초보,
투자와 절세 두 마리 토끼를 잡을 순 없을까?

ISA

일반적인 증권사 계좌로 주식 투자를 하고 배당을 받으면 15.4%
의 배당소득세를 내야 합니다. 세금이니 어쩔 수 없지만 아까운 마
음이 드는 것도 사실이죠.

　그런데 여기, 주식 및 채권 투자를 한 뒤 이자·배당금을 받거나
주식에 대한 양도차익이 생기면 200만 원(서민형은 무려 400만 원)
까지 세금을 면제해주는 특별한 절약 상품이 있습니다. 요즘 청
년 직장인들의 사랑을 한몸에 받는 개인종합자산관리계좌, ISA가
그 주인공이에요. 금융투자협회에 따르면 2024년 8월까지의 ISA
가입자 수는 564만 6,000여명에 달합니다. 총 가입 금액은 30조
2,722억 원을 넘겼고요. 직장인 커뮤니티에도 연일 질문과 조언을

담은 글들이 올라오죠.

대체 ISA의 정체가 뭐길래 다들 열광하는 걸까요? 어떻게 가입하고 또 어떻게 굴려야 이득을 뽑아낼 수 있을까요? 지금부터 아무것도 모르는 새하얀 왕초보들을 위해 차근차근 설명해 보겠습니다.

ISA는 크게 세 종류로 나뉘어요. ①중개형, ②신탁형, ③일임형인데요. 중개형은 고객이 직접 투자상품을 선택할 수 있습니다. 신탁형도 마찬가지고요. 둘의 차이는 '예금성 상품에 가입할 수 있느냐, 없느냐'입니다. 중개형은 예금성 상품에 가입하는 게 불가능하지만 신탁형은 가능하거든요. 투자보다는 예·적금을 선호하는 분들이 주로 선택하는 유형입니다. 반면 일임형은 말 그대로 금융사가 고객 대신 하나부터 열까지 운용해주는 방식이에요. 고객이 직

ISA의 세 유형

	중개형	신탁형	일임형
가입하는 곳	증권사	은행, 증권사	은행, 증권사
투자 방법	고객이 직접 투자상품을 고름		고객의 성향에 따라 은행·증권사가 방향 제시
투자자들이 고르는 이유	국내상장주식 및 국내채권에 투자 가능하기 때문!	예·적금 상품에 가입 가능하기 때문!	증권사가 내 투자 성향에 맞춰 굴려주기 때문!

세상 친절한 세금 수업

접 투자상품을 고르고 비교하지 않아도 됩니다. 머리 아픈 고민을 접어둔 채 전문가의 포트폴리오를 따라가고 싶다면 일임형 ISA가 좋은 선택이 될 거예요.

ISA 계좌는 한 사람당 한 개만 만들 수 있고, 의무 가입 기간은 3년입니다. 또 '일반형'과 '서민형'으로도 나뉘어요. 총급여액이 5,000만 원 이하인 직장인 혹은 종합소득금액이 3,800만 원 이하인 사업자만 서민형 가입이 가능합니다. 상반기에 가입할 경우 2년 전의 소득을, 하반기에 가입할 경우 직전 해의 소득을 봐요. 예를 들어 2025년 3월에 가입한다면 2023년의 소득이, 2025년 9월에 가입한다면 2024년 소득이 일반형과 서민형을 가르는 기준이 됩니다. 처음에는 모두가 일반형으로 가입되지만 증빙을 거쳐 서민형으로 전환할 수 있어요.

알쏭달쏭 ISA 투자, 오늘부터 시작하자

하도 만들라니까 만들긴 했는데, 어떻게 투자를 시작해야 좋을지 몰라 막막한 분들도 있을 겁니다. 매일을 돈과 함께하는 세무사인 제가 ISA의 기초를 한번 짚어볼게요. ISA를 비롯한 절세 계좌의 가장 큰 장점은 장기적으로 관리했을 때 어마어마한 스노우볼 효과가 발생한단 거예요. 하루라도 빨리 시작하는 사람이 무조건 이득일 수밖에 없는 구조입니다.

ISA의 비과세 혜택은 어디까지나 우리나라 정부의 역할이라 해외주식 등 국외 상품에는 직접 투자가 불가능한데요. 대신 국내에 상장된 해외 상장지수펀드ETF를 노려보면 됩니다. ETF는 일종의 '바구니' 투자상품이에요. 여러 개의 주식을 바구니에 골라 담은 후, 마치 하나의 주식인 것처럼 통합적으로 관리하는 방식이죠. 특정한 개별 주식에 투자하지 않고 코스피 지수, S&P 500 지수 등을 추종할 수도 있습니다(추종에 대해선 조금 이따 더 살펴볼게요).

ETF 바구니엔 어떤 걸 담는 게 좋을까요? 처음이라면 역시 카카오나 삼성전자가 무난할까요? 하지만 이렇게 국내에 상장된 개별 주식은 ISA가 아니라 일반적인 계좌에서 거래해도 양도소득세를 떼지 않기 때문에 굳이 고를 필요가 없습니다. 스노우볼 효과를 만들려면 ISA가 절세 혜택을 주는 상품임을 상기해야 해요.

예컨대 저는 ISA 계좌로 'TIGER 미국배당다우존스'라는 국내 상장 해외 ETF에 투자하고 있습니다. 이름만 들으면 복잡한 암호처럼도 들리죠? 실제로 이렇게 난해한 이름 때문에 국내 상장 해외 ETF를 막연히 어려워하는 분이 많습니다. 하지만 하나하나 해부해보면 절대 복잡하지 않아요. 오히려 세상에서 제일 직관적인 작명이랍니다.

우선 'TIGER'는 ETF를 운용하는 국내 자산운용 회사의 브랜드예요. 미래에셋자산운용의 브랜드명이 TIGER이고, 삼성자산운용의 브랜드명이 KODEX입니다. 외에도 한국투자신탁운용은 ACE, 신한자산운용은 SOL이라는 브랜드를 가졌죠. 이 '브랜드'의 개념을 알면 ETF의 이름을 보는 순간 어떤 회사에서 제공하는 상품인지를 곧바로 파악하는 게 가능해요. 종목을 검색할 때도 편리하게 쓸 수 있고요.

다음은 '미국배당다우존스'입니다. 이건 슈드SCHD, Schwab US Dividend Equity ETF를 추종한다는 의미입니다. 슈드는 미국의 자산운용사인 찰스 스왑에서 운용하는 ETF예요. 투자자들에게 지속적으로 배당금을 지불하고 배당수익률도 높은 기업 100개를 골라 하나의 바구니 안에 차곡차곡 쌓아둔 상품이죠. 바구니 하나만 구매하면 자산운용 전문가들이 선택한 믿음직한 기업 100개를 한번에 관리하는 효과를 누릴 수 있습니다.

그런데 문득 아리송하지 않나요? 분명 ISA 계좌로는 해외 상품에 접근하는 게 불가능하다고 들었는데요. 자, 여기서 '추종'이라는 개념이 등장합니다. 추종한다는 건 곧 따라 한다는 의미예요. 즉 국내 상장 해외 ETF가 '미국배당다우존스 지수를 추종한다'는 말은 '슈드가 투자하는 바구니를 국내에서 따라 산다'는 말과 같습니다. 간접적인 해외 투자죠.

ISA가 아닌 일반 계좌로 국내 상장된 ETF에 투자할 땐, 배당금에 대해 15.4%의 배당소득세가 붙습니다. 특이하게 양도차익에 대해서도 역시 배당소득이 붙고요. 그런데 ISA를 통해 투자하면 (일반형 기준) 3년간 합산한 수익 200만 원까지는 세금을 면제받으니 배당소득세를 낼 필요가 없습니다. 200만 원이 넘는 금액도 15.4%가 아닌 9.9%로 분리과세돼요. 이리 보나 저리 보나 이득뿐이에요. 그래서 ISA를 굴리는 투자자 중에선 국내 상장 해외 ETF에 투자하는 분이 유독 많습니다. 그중에서도 배당을 중요하게 생각하는 분들은 배당금을 많이 주는 ETF에 뛰어들어 원금을 불리곤 해요.

그런데 2025년 1월, 국내 상장 해외 ETF에서 받는 배당소득에 대해 세금을 떼고 주는 방향으로 정부 방침이 변경되었습니다. 원래는 외국 정부가 배당소득세를 떼어가도 정부가 먼저 이를 보존해줬다가 나중에 비과세 200만 원이나 분리과세 9.9%를 적용해주는 식이었는데요. 앞으로는 외국 정부가 배당소득세를 떼어가는 부분에 대한 보전 없이, 이를 포인트처럼 적립해뒀다가 만기에 낼 세금에서 빼주는 방식으로 진행하겠다는 거죠. 이 때문에 미국 배당다우존스의 인기가 시들시들해졌지만, 배당보다는 양도차익을 볼 수 있는 다른 국내 상장 해외 ETF에는 여전히 유효한 투자전략이랍니다.

세상 친절한 세금 수업

ISA와 ETF 세 줄 요약

상장지수펀드ETF:	**일종의 바구니 투자상품**
추종한다는 건 무슨 뜻?:	**해외 ETF의 움직임을 국내에서 따라간다**
왜 ISA로 사야 할까?:	**ETF에 붙는 세금을 줄일 수 있어서!**

추종 이야기가 나온 김에 다른 추종 ETF에 대해서도 알아보겠습니다. 우선은 '미국나스닥 100'입니다. 이건 미국배당다우존스와 함께 이른바 '미국 3대장'이라고 불리는 ETF 중 하나예요. 미국배당다우존스가 배당수익률이 좋은 기업 100개를 담은 바구니라면, 미국나스닥 100은 미국의 기술주를 대표하는 기업을 담은 바구니입니다. 미국의 자산운용사 인베스코에서 굴리는 QQQIn-vesco QQQ Trust ETF 지수를 국내에서 추종하는 상품이에요. 바구니 속에는 대표적인 기술주가 담겨있는데, 애플과 엔비디아, 마이크로소프트 등 이름만 들어도 다 아는 유명한 대기업이 가득합니다. 참고로 미국나스닥 100으로는 배당금보다는 매매차익을 기대하는 편이 좋아요.

'S&P 500'도 빼놓을 수 없죠. 이건 미국의 자산운용사 스탠더

드 앤 푸어가 제공하는 SPYSPDR S&P 500 Trust ETF를 추종하는 상품입니다. 기업의 규모, 유동성, 산업의 대표성을 고려해 선정한 500개의 주식 종목을 바구니에 담아놓은 ETF입니다. 애플, 엔비디아뿐 아니라 아마존, 메타, 구글 등 대표적인 글로벌 기업도 들어있는 바구니예요.

S&P 500은 세계적인 투자자 워런 버핏의 픽으로도 유명합니다. 워런 버핏은 2007년에 'S&P 500 지수에 10년간 투자하는 게 수수료를 주고 펀드매니저를 통해 투자하는 것보다 훨씬 낫다'고 호언장담하며 내기를 걸었는데요. 실제로 2008년 1월 1일부터 2017년 12월 31일까지 투자를 실행해본 결과 펀드매니저보다도 S&P 500 지수에 투자한 쪽이 더 좋은 성과를 냈습니다. 버핏은 내기에 이겼고, 유언장에도 본인 유산의 90%를 S&P 500 지수에 투자하라고 남겼습니다.

호기심이 생겼다면 '미국S&P 500'이란 키워드가 붙은 국내 ETF에 투자해보세요. TIGER든, KODEX든 국내 브랜드는 무엇이든 좋습니다. 기본적으로 미국의 지수 하나를 따라 하는 상품이다 보니, 국내 브랜드별로 드라마틱한 차이가 나진 않거든요. S&P 500은 사회초년생들이 투자 입문용으로 특히나 선호하는 투자처이기도 합니다. 서치하다 보면 웬만한 적금보다 낫다는 이야기도 쉽게 찾을 수 있죠.

세상 친절한 세금 수업

ISA는 세금 혜택 보따리

투자의 기본 구조도 쏙쏙 익혀뒀으니, 이제 ISA 계좌로 어떤 세금 찬스를 누릴 수 있는지 파헤쳐봅시다. ISA에는 연간 2,000만 원까지 납입이 가능합니다. 저는 통 크게, 1년 한도인 2,000만 원을 채웠을 때의 상황을 한번 그려볼게요. 지금 당장은 아닐지 몰라도 결국 여러분 모두가 성취해낼 짜릿한 미래니까요.

여기 우리의 성실 씨가 있습니다. ISA를 적극 활용해보기로 다짐한 성실 씨는 열심히 N잡을 뛰어 일반형 ISA에 연 2,000만 원을 납입했어요. 그리고 배당수익률이 높은 국내 ETF에 투자해 연 4%의 배당수익, 80만 원을 벌었습니다. 일반적인 주식 계좌라면 성실 씨의 순이익은 배당수익 80만 원에서 15.4%의 세금(12만 3,200원)을 뗀 67만 6,800원이었을 겁니다. 하지만 ISA 계좌는 일반형 기준 200만 원까지 세금 면제 혜택을 받는다는 사실! 성실 씨는 80만 원을 온전히 갖는 것이 가능합니다.

만약 수익이 잘 나와서 300만 원의 달콤한 배당금을 얻었다면 어떨까요? 200만 원까지는 세금이 없으니, 나머지 100만 원에 대해서만 세금을 내면 됩니다. ISA는 200만 원을 초과하는 금액에 대해서도 일반적인 투자 계좌보다 훨씬 저렴한 9.9%의 세율을 적용해줘요. 즉 성실 씨는 100만 원의 9.9%인 9만 9,000원만 세금

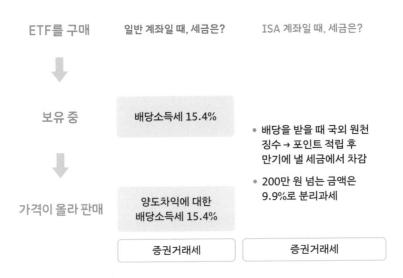

| ETF를 구매 | 일반 계좌일 때, 세금은? | ISA 계좌일 때, 세금은? |

보유 중

배당소득세 15.4%

- 배당을 받을 때 국외 원천 징수 → 포인트 적립 후 만기에 낼 세금에서 차감
- 200만 원 넘는 금액은 9.9%로 분리과세

가격이 올라 판매

양도차익에 대한 배당소득세 15.4%

증권거래세　　증권거래세

으로 지출하면 끝이에요. 만약 성실 씨가 서민형 가입자라면 어떨까요? 서민형의 경우, 200만 원이 아니라 400만 원까지 세금이 공짜입니다. 성실 씨는 9만 9,000원의 지출조차 없이 먹음직스러운 300만 원을 꼴깍 삼킬 수 있어요. 실수령액이 파격적으로 늘어나는 셈이죠.

혜택은 여기서 끝이 아닙니다. ISA로 올린 소득은 다른 소득과 합쳐서 세금을 매기지 않습니다. 원래는 연간 2,000만 원이 넘는

이자소득 및 배당소득이 있으면 5월에 종합소득세를 신고할 때 근로·사업소득 등과 합산해서 세금을 납부해야 합니다. 이때 합산한 소득 전체의 수준에 따라 6%~45%의 세율이 적용되고요. 직장에서 열심히 일해서 번 돈과 N잡으로 얻은 수입, 이자와 배당금을 합하면 세율이 꽤 높아질 수밖에 없겠죠. 그런데 ISA 계좌에서 발생한 이자소득과 배당소득은 다른 이자·배당소득과 달리 종합소득세를 신고할 때 합산할 필요가 없습니다. 그저 9.9%의 세금만 분리과세하면 끝이에요.

만기일 관리에 대해서도 잠깐 살펴볼게요. 말했다시피 ISA의 의무 가입 기간은 3년입니다. 최소 3년부터 만기일을 설정할 수 있어요. 의무 기간 이후엔 해지하거나 연장하는 게 가능하고요. 세금 혜택은 총 가입 기간을 기준으로 적용됩니다. 즉, 서민형으로 400만 원의 비과세 혜택을 누린다는 건 '1년간 400만 원 세금 공짜'란 의미가 아니라 '(가입 기간이 3년일 경우) 3년간 400만 원 세금 공짜'란 뜻이에요.

'그럼 일단 만기를 3년으로 정해두고 필요하면 연장하는 게 좋겠다' 싶겠지만, 여기에도 유의할 점이 있습니다. 만기 연장을 할 땐 소득 조건을 처음부터 다시 따지기 때문이에요. 애초에 서민형으로 가입했더라도 연장 신청 시 일반형 수준까지 소득이 늘어난 상태라면, 연장 계약은 일반형으로만 가능합니다. 계좌 자체가 일반형으로 전환되는 셈인데요. 문제는 ISA가 만기 시점에서 모든 세금을 정산하는 구조라는 겁니다. (서민형에서 일반형으로 변경하여 연장한 후) 다시 만기가 찾아왔을 때, 서민형 시기에 얻었던 수익에 대해서까지 일반형 기준으로 세금을 떼게 되니 그리 효율적이지 못할 수 있어요.

그러니 지금은 서민형 가입자에 해당하지만 나중에 일반형 기준으로까지 소득이 늘어날 가능성이 있다면 애초 가입 시 만기를 길게 설정하는 것이 좋습니다. 특히 청년 초년생들은 대부분 몇 년 사이 소득이 쑥쑥 늘어나거든요.. 가령 만기일을 5년으로 설정해 가입해도 의무 보유 기간인 3년이 지나면 불이익 없이 해지할 수 있으니, 일단은 최초에 만기일을 널찍이 잡아봅시다. '우선 3년만 본다'고 생각하고요! 3년이 넘은 시점에 수익이 어느 정도 생겼는지 확인하고, 계속 유지할지 아니면 해지 후 새로운 플랜을 세워볼지를 결정하면 됩니다.

하나 더! ISA 만기 자금을 해지한 후 60일 이내에 앞서 살펴본 연금저축이나 IRP 등의 '연금계좌'로 이체하면 추가적인 혜택이 있어요. 연금계좌 세액공제의 한도는 원래 연간 900만 원이지만, ISA 만기 자금을 연금저축으로 전환했을 땐 전환 금액의 10%를 최대 300만 원까지 추가 공제해주거든요. 가령 ISA 만기 자금 3,000만 원을 연금계좌로 이체할 경우 300만 원의 보너스 혜택을 받을

세상 친절한 세금 수업

수 있습니다. 해당 연도에는 기존 연금계좌 세액공제 900만 원에 300만 원을 더한 1,200만 원의 공제를 받는 거고요(추가 한도는 해당 연도에만 적용이 가능해요). ISA 만기 3년이 지날 때마다 자금을 연금계좌로 이전해둔다면, 세금 혜택을 빵빵하게 볼 수 있겠죠?

세상에서 제일 어려운 벤처투자, 어떻게 하고 왜 하는 걸까?

벤처투자

투자의 꽃, 크게 배팅하고 크게 돌려받는 벤처투자에 대해서도 알아봅시다. 사실 직장인 분들과 대화하다 보면 종종 '주식이나 ETF, ISA까지는 대충 이해하겠는데 벤처투자는 도저히 모르겠다'는 이야기를 종종 듣곤 하는데요. 전혀 어렵지 않으니 겁먹을 필요 없어요. 고소득자나 전문직이 주로 활용하는 투자법이긴 하지만, 개념 자체는 누구나 익혀두면 금융머리를 키우는 데 도움이 됩니다.

　벤처투자의 구조는 심플합니다. 반짝이는 아이디어로 무장한 (그러나 자본은 비교적 부족한) 신생 회사인 '벤처기업'은 경제적 기반이 필요해요. 투자자가 있어야 폭발적인 성장을 이룰 수 있기 때문이죠. 하지만 태어난 지 얼마 되지 않은 기업의 가능성 하나만을 보고 투자를 결정하는 투자자는 거의 없습니다. 어쩌면 당연한 일이에요. 투자적 안정성이 부족하다고 느낄 테니까요.

이때 벤처기업의 성장을 돕고 투자 시장을 활성화하기 위해 나서는 것이 바로 정부입니다. 우리나라 정부가 직접 '벤처기업에 투자하는 분들에게 세금 혜택을 드립니다!' 하고 대대적인 홍보를 돌리면 어떻게 될까요? 세금 혜택도 받을 겸, 투자로 이득도 볼 겸, 호기심이 생긴 투자자들이 하나둘 나타나겠죠?

이렇게 투자자들이 모여 일종의 투자 그룹인 벤처투자조합을 만들고, 하나의 저금통에 자금을 차곡차곡 쌓아 그 저금통을 돈이 필요한 벤처기업에 빌려주는 것이 바로 벤처투자의 원리입니다. 물론 원금이 손실될 가능성도 존재합니다. 샛별 같은 신생 기업의 폭발력에 기대는 투자법인 만큼, 위험부담과 수익률이 비례하는 영역이에요. 그래서 큰 소득공제 혜택을 주는 거고요. 법으로 정한 투자처에 투자해야 한다는 요건이 있지만, 기본적으로는 투자한 금액의 10%를 공제해줘요. 즉 3,000만 원을 투자했다면 연말정산 혹은 종합소득세 신고 때 300만 원의 소득공제를 받습니다.

그런데 특정 투자처에 투자하면 10%보다 파격적인 혜택을 줍니다. 가령 "개인투자조합에 출자한 금액을 벤처기업 또는 이에 준하는 창업 후 3년 이내의 중소기업에 투자"했을 땐 3,000만 원 이하까지는 100%, 3,000만 원 초과부터 5,000만 원 이하까지는 70%의 소득공제를 받아요. 투자를 위해 3,000만 원을 소비했는데 소득공제도 그만큼 받아가는 놀라운 시스템이죠('개인투자조합'이란 개인 투자자들이 머리를 맞댄 투자조합이라고 생각하면 돼요).

소득공제는 기본적으로 출자한 날 혹은 투자한 날이 속하는 과세연도 종합소득세 신고 시에 반영돼요. 예컨대 2025년 8월에 벤처투자를 실행했을 경우 2026년 5월 종합소득세 신고 때 소득공제를 반영하는 식입니다. 다만 투자자 본인이 원한다면 출자 혹은 투자 후 2년이 되는 날까지는 공제받는 해를 지정할 수도 있어요. 2024년에 투자했다면 2024년, 2025년, 2026년 중 하나의 해를 콕 집어 공제를 적용받는 게 가능하죠.

소득공제 혜택을 만끽하려면 ISA처럼 3년 동안은 벤처투자에 돈을 넣어둬야 합니다. 혜택이 파워풀한 만큼 의무 기간을 꼼꼼히 설정해둔 거예요. 이 때문에 고소득자들은 매년 3,000만 원씩, 3년 정도 벤처투자를 실행하곤 합니다. 투자금이 곧 소득공제로 돌아오니 '투자 원금만 회수해도 본전'이라 계산하는 겁니다.

다만, 이 본전을 꼼꼼히 챙기기 위해선 3년 내엔 출자지분이나 투자지분에 절대 손대면 안 돼요.. 양도하는 것도 회수하는 것도 불가능합니다. 그야말로 3년을 건 배팅인 셈이죠. 투자와 세금 사이의 줄다리기! 여러분은 어떤 전략으로 투자에 뛰어들 건가요?

5장

부동산
천리길도
세금 공부부터

집값과 세금,
대체 어떤 관계일까?

부동산과 세금

회사원 김성실 씨는 퇴근 후 오랜만에 친구들을 만나 포차에 둘러 앉았습니다. 얼큰한 부대찌개에 소주를 곁들이며 근황을 나누다 보니 시간이 절로 흘렀어요. 가슴속에 품고만 있던 이직 고민도 털 어놓고, 부모님의 안부도 챙겨 묻고, 어엿한 어른답게 건강검진이 나 적금 같은 이야기도 주고받았죠. 곧 대화 주제는 자연스레 내 집 마련으로까지 이어졌습니다.

"요샌 집 사도 끝이 아니야. 1주택자도 세금 엄청 낸대." 친구 중 누군가가 중얼거렸어요. 호기심이 생긴 성실 씨는 당장 물었습니 다. "진짜? 얼마나 내? 어디서 듣기론 1주택자는 거의 공짜라던데." 그러나 왜인지 돌아오는 대답은 없었습니다. 다들 멍하니 서로의

얼굴만 쳐다볼 뿐이었죠.

다른 친구가 물었습니다. "집 갖고만 있어도 세금 많이 떼나?" 성실 씨가 고개를 갸웃거렸습니다. "아마……. 그럴걸?"

이후로는 한동안 두루뭉술한 질문과 대답만이 오갔습니다.

집으로 돌아오는 택시 안, 성실 씨는 휴대폰 속으로 빨려들어 갈 듯 코를 박고 국세청 홈페이지를 탐독했습니다. '공시가격, 기준 시가, 재산세? 이게 다 무슨 소리지? 오늘부터 죄다 이해하고 말겠어.' 본업에도, 사이드잡에도, 저축에도, 투자에도 최선을 다하는, 열정 빼면 시체인 김성실 씨. 이 날은 성실 씨가 처음으로 부동산에 본격적인 관심을 갖게 된 날이었습니다.

어떤가요? 성실 씨와 친구들의 상황, 슬그머니 공감되지 않나요? 집값이 올랐다거나 내렸다는 소식 자체는 자주 접하지만 결국 남의 일인 것만 같고, 부동산과 세금 문제는 나중에 내 집 하나 살 때쯤 뚝딱 벼락치기하면 끝일 것 같죠. 하지만 부동산은 여러분의 생각처럼 멀리 있는 존재가 아닙니다. 당장 2030 청년들 사이에 '부동산 임장'이 유행하는 것만 봐도 그렇습니다. 임장이란 관심 있는 부동산(주택 등)에 직접 방문해 주변 인프라와 시세, 동네 분위기, 편의시설, 학군 등을 둘러보는 일을 말해요. 손품을 팔아 인터넷으로만 매물을 서치하는 것보다 훨씬 더 입체적으로 탐구할 수 있죠. 여러분 모두, 적어도 10년 안엔 싫든 좋든 부동산 공부에

세상 친절한 세금 수업

돌입해야 할 걸요?

하지만 공부에도 왕도가 있는 법. 아무것도 모르는 상태로 허겁지겁 코앞에 닥쳤을 때 벼락치기를 시작하기보단 기초라도 일찍 다져두는 게 훨씬 이득입니다. 이번 장에선 세금을 통해 부동산 이야기를 콕 찍어 맛보는 워밍업을 해볼게요.

부동산과 세금의 콜라보, 기초부터 다지자

먼저 세금 계산을 할 때 사용하는 다양한 용어에 대해 알아봅시다. 주택을 이야기할 땐 '공시가격'이라는 말을 써요. 아파트·연립·다세대주택을 볼 땐 '공동주택 공시가격', 단독주택·다가구주택을 볼 땐 '단독주택 공시가격'을 활용합니다. 공시가격은 건물의 가격뿐 아니라 토지까지 포함해 책정하는 개념입니다. '부동산 공시가격 알리미' 사이트에 들어가 주택의 주소를 검색하면 공시가격을 확인할 수 있죠.

토지를 이야기할 땐 '공시지가'라는 용어를 씁니다. 부동산 공시가격 알리미 사이트에서 '개별공시지가'를 누르고 주소를 검색하면 단위면적㎡당 개별공시지가가 나오는데요. 이 단위면적당 개별공시지가에 해당 토지의 면적을 곱하면 공시지가를 알 수 있어요.

가령 단위면적당 개별공시지가가 300만 원이고 해당 토지가 25㎡라면, 토지의 공시지가는 300만 원에 25를 곱한 7,500만 원입니다.

'기준시가'는 공시가격과 공시지가를 아우르는 단어입니다. 공동주택 공시가격은 국토교통부가, 개별주택 공시가격과 공시지가는 시·군·구가 발표해요. 공동주택 공시가격과 개별주택 공시가격, 공시지가가 곧 기준시가가 되는 겁니다. 공시가격이나 공시지가가 없는 상업용 건물이나 오피스텔은 국세청이 직접 기준시가를 산정해 발표한답니다.

한 가지 더! 공시가격은 주택의 실제 시세와 한참 동떨어진 금액이에요. 예컨대 공시가격이 7억 원이라면 실제로 거래되는 금액은 10억 원 정도죠. 이걸 의미하는 용어도 있어요. 공시가격 현실화율이란 건데요. "현실화율이 70%다"라는 말은 곧 정부가 정한 공시가격이 실거래되는 부동산 가격의 70%에 불과하단 의미입니다.

세상 친절한 세금 수업

실거래 가격 그대로 적용하지 않는 이유는 납세자(부동산 보유자)들의 세금 부담을 덜어주기 위해서고요. 이 현실화율을 둘러싼 채 국회의원들이 싸우기도 합니다. '왜 10억 원짜리 집에 살면서 세금은 7억 원어치만 내느냐!'라며 현실화율을 100%까지 끌어올리자는 의견도 있고, '세금을 얼마나 더 내란 말이냐!'라며 현실화율을 가능한 살뜰하게 조정하자는 의견도 있어요.

집 있으면 세금 내세요! '재산세'

이제 앞서 살펴본 개념들이 어떻게 세금 계산에 이용되는지 짚어볼게요. 우선은 부동산 하면 빼놓을 수 없는 '재산세'입니다. 재산세는 매년 6월 1일 기준으로 토지나 건축물, 주택, 선박, 항공기를 소유하고 있는 사람이 납부하는 세금이에요. 재산세를 이해하려면 마법의 날짜인 이 6월 1일을 꼭 상기해야 합니다. 모든 것이 6월 1일을 기준으로 매겨지거든요. 만일 7월에 집을 팔고 계약까지 잘 처리했더라도, 6월 1일 당시에 집을 소유하고 있었다면 재산세를 내야 해요. 7월 이후에 집을 산 사람은 반대입니다. 6월 1일에 주택을 갖고 있지 않았으니 해당 연도에는 재산세를 내지 않아도 돼요. 재산세 고지서는 7월과 9월에 나오는데, 주택은 매년 7월과 9월,

토지는 9월에 고지서를 받을 수 있어요.

주택의 경우, 재산세 과세표준을 계산하는 방법은 세상에서 제일 간단합니다.

주택 재산세 과세표준: 주택공시가격의 60%

가령 공시가격이 10억 원인 건물을 보유했다면, 6억 원이 과세표준이 됩니다. 이를 공정시장가액비율이라고 해요. '그냥 무조건 60%로 매길게, 40%는 할인이야!' 하고 정부가 정해준 계산식입니다. 여기에 바로 세율을 곱하면 돼요.

주택의 재산세율

과세표준	기본적인 세율	9억 원 이하 1세대 1주택 특례세율
6,000만 원 이하	0.1%	0.05%
6,000만 원 초과~ 1억 5,000만 원 이하	6만 원 + 6,000만 원 초과금액의 0.15%	3만 원 + 6,000만 원 초과금액의 0.1%
1억 5,000만 원 초과~ 3억 원 이하	10만 5,000원 + 1억 5,000만 원 초과금액의 0.25%	6만 원 + 1억 5,000만 원 초과금액의 0.1%
3억 원 초과	57만 원 + 3억 원 초과금액의 0.4%	42만 원 + 3억 원 초과금액의 0.35%

세상 친절한 세금 수업

10억 원짜리 주택에 붙는 1년 치 재산세를 계산해봅시다. 말했듯이 공정시장가액비율을 반영한 6억 원이 과세표준이겠죠? 3억 원을 초과하는 금액인 3억 원의 0.4%에 57만 원을 더하면, 총 177만 원의 세금이 나오네요. 이렇게 징수된 재산세는 각 지방자치단체로 속속들이 모여 해당 지역을 발전시키는 밑거름이 됩니다.

참, 2024년부터는 '주택재산세 과세표준 상한제'가 신설되었어요. 집값이 폭등하면 공시가격도 세금도 덩달아 치솟기 마련인데요. 그럴 때 납세자들의 세금 부담을 완화해주는 제도랍니다. 전년도 과세표준에서 5%를 인상한 금액과 올해의 과세표준을 비교한 뒤, 그중 더 적은 금액을 과세표준으로 쓸 수 있습니다.

종부세,
뭐가 문제라는 걸까?

종합부동산세

'종합부동산세(종부세)'라는 특별한 세금도 있습니다. 이것도 재산세와 마찬가지로 6월 1일에 해당 주택을 보유한 사람에게 부과되는 항목이에요. 아마 여러분도 종부세란 이름을 귀에 딱지가 앉도록 들었을 겁니다. 세금 이슈에 아무리 무관심한 분이라 해도 종부세와는 절대 초면일 수가 없죠.

명실상부 부동산 시장의 주인공인 종부세. 그렇다면 이 녀석, 재산세와는 뭐가 다른 걸까요? 뉴스에선 왜 연일 종부세를 언급하며 날을 세우는 걸까요?

우선 재산세와 종부세의 차이점부터 봅시다. 재산세는 주택을 가진 사람이라면 누구나 납부하는 세금이지만, 종부세는 아니에요. 9억 원 이상의 고가 주택을 보유한 사람 등, 유독 값비싼 부동산을 소유한 사람들만 내는 돈입니다. 또 재산세는 지방세에 속해서 납세자들이 돈을 내면 지방자치단체의 금고에 쌓이는데요. 종부세는 국세라 국가의 금고로 착착 쌓이게 됩니다.

한눈에 보는 재산세와 종부세

	재산세	종합부동산세
세금의 분류	지방세	국세
담당자	재산이 위치한 관할 지방자치단체장	납세자의 주소지 관할 세무서장
세금 매기는 방법	소유한 재산마다 따로따로 세금 매김 (재산별로 세금 세 번)	한 사람이 가진 모든 부동산에 대해 세금 매김! (사람별로 세금 한 번)

가장 큰 차이는 재산세는 '재산' 기준, 종부세는 '사람' 기준으로 세금을 매긴다는 거예요. 예컨대 우리의 김성실 씨가 알찬 재테크에 대성공해 주택 세 채를 매입하게 되었다고 생각해봅시다. 재산세 신고 기간에 성실 씨는 각 주택에 대해 총 세 번의 세금을 납부하게 돼요. 반면 종부세를 낼 땐 '김성실'이라는 하나의 인물 앞에

놓인 주택 세 채를 모두 합쳐 계산하고요.

계산 공식도 세상 간단합니다. 일단 한 사람이 가지고 있는 모든 주택의 공시가격을 더한 후, 인당 9억 원을 빼줍니다. 1세대 1주택자의 경우 특별히 12억 원을 빼줘요. '이 값에 대해서는 세금 매기지 않겠다'고 혜택을 주는 겁니다. 그 뒤엔 공정시장가액 비율인 60%를 곱해주고, 다시 기본세율인 0.5%~2.7%를 곱해 세금을 도출해요. 단, 세 개 이상의 주택을 보유하고 있다면 더 빡빡한 세율 0.5%~5%이 적용됩니다.

암만 부자들이라지만 너무하다고요? 재산세로도 충분한데 종합부동산세로 한 번 더 세금을 채가니 억울할 것 같다고요? 모르시는 말씀. 종부세는 12월에 납부하는데요, 이때 내는 세금에선 기존에 재산세로 냈던 세금의 상당 부분을 제외해줍니다. 세금이 중복으로 매겨지지 않도록 미리 설계해둔 구조예요.

내친 김에 종부세 이야기에 늘 따라붙는 질문인 공동명의에 대해서도 톺아봅시다. 사이좋은 형제 차호박 씨와 차당근 씨가 종부세를 내야 하는 상황이에요. 형제는 공동명의로 공시가격 10억 원짜리 주택 한 채를 가지고 있습니다. 형 호박 씨는 개인 명의로 5억 원짜리 주택 하나, 동생 당근 씨는 공시가격 3억 원짜리 주택 하나를 더 갖고 있고요.

동생 당근 씨는 공동명의 주택 가격의 절반인 5억 원에 본인의 주택 가격 3억 원을 합해 종부세를 계산합니다. 어라, 그런데 당근 씨의 주택 가격은 총 8억 원이라 종부세를 내지 않아도 돼요. 7월과 9월에 재산세만 내면 끝인 거예요.

반면 형 호박 씨는 공동명의 주택 가격의 절반인 5억 원과, 본인 명의의 주택 가격인 5억 원을 합한 금액인 10억 원에 대해 종부세를 내야 합니다. 1인당 9억 원을 빼주니까 1억 원이 나오고, 여기서 공정시장가액비율 60%를 곱하면 과세표준은 6,000만 원이죠?

종합부동산세의 세율

과세표준	2주택 이하일 때 세율	3주택 이상일 때 세율
3억 원 이하	0.5%	
6억 원 이하	150만 원 + 3억 원 초과금액의 0.7%	
12억 원 이하	360만 원 + 6억 원 초과금액의 1%	
25억 원 이하	960만 원 + 12억 원 초과금액의 1.3%	960만 원 + 12억 원 초과금액의 2%
50억 원 이하	2,650만 원 + 25억 원 초과금액의 1.5%	3,560만 원 + 25억 원 초과금액의 3%
94억 원 이하	6,400만 원 + 50억 원 초과금액의 2%	1억 1,060만 원 + 50억 원 초과금액의 4%
94억 원 초과	1억 5,200만 원 + 94억 원 초과금액의 2.7%	2억 8,660만 원 + 94억 원 초과금액의 5%

이 6,000만 원에 세율을 곱하면 됩니다.

종부세 세율은 2주택 이하일 때와 3주택 이상일 때가 각각 다르게 적용됩니다. 주택 두 채가 있는 호박 씨의 과세표준은 6,000만 원이니 세율로는 가장 낮은 0.5%가 적용돼요. 기존에 낸 재산세가 있다면 여기서 빠질 거고요.

결국 도합 10억 원의 2주택을 보유한 호박 씨가 납부하는 종합부동산세는 30만 원 이하입니다.

말도 많고 탈도 많은 종부세

사실 종부세는 대한민국의 21세기 역사에 꼬박꼬박 함께해온, 그리고 여러 정부의 손과 입을 거친 터줏대감 세금 이슈입니다. 왜 그렇게들 종부세 문제로 다투는지 이해하려면 그 탄생부터 봐야해요. 종부세는 2005년 노무현 정부 때 새로 만들어진 세금 항목입니다. 당시엔 부동산 가격이 급등하고 투기가 과열되는 현상이 사회적 문제로 두드러졌어요. 그래서 부동산 보유자에게 종부세를 부과하기 시작했죠. 비정상적인 부동산 투기를 억제하고 가격을 안정시키기 위한 조치였습니다.

그러자 종부세의 대상자가 된 부동산 보유자들이 불만을 표했어요. '내가 내 돈으로 산 부동산이고, 재산세 같은 세금도 다 내는 데 왜 종부세를 또 내야 하느냐'며 반발을 던진 겁니다. (사실 재산세는 종부세 계산 때 빼주긴 하죠!) 또 종합부동산세는 '주택이나 토지'를 소유한 사람들에게만 납부를 요구하는데요. 이에 관한 이의제기도 상당했습니다. '왜 요트나 보석 같은 다른 값나가는 재산을 소유한 이들에겐 청구하지 않느냐'는 항의였어요. 이에 헌법재판소는 '주택이란 건 모름지기 인간의 기본적인 생존 조건이 되는 생활공간인 만큼 다른 재산들과는 달리 취급해야 한다'며 종부세가 합헌이라는 결정을 내렸습니다.

또 시간이 흘러 문재인 정부 때는 주택 가격도 오르고 공시가격 현실화율도 오르면서 종부세를 폐지하라는 아우성이 빗발쳤어요. 현실화율이 오를수록 주택 보유자들의 세금 부담도 커지는 법이니까요. 그러다 최근 윤석열 정부 때는 대통령실에서 종부세를 사실상 폐지하겠다는 발언이 나오는 등 정권에 따라 종합부동산세의 방향도 획획 꺾였습니다.

수많은 세월을 우리와 함께해온 종부세 논란은 오늘도 현재진행형입니다. 적어도 1주택자에게는 종합부동산세를 걷지 말아야한다는 주장도 있고, 그럼 지방에 주택을 두 채 보유한 사람과 강남에 주택을 한 채 보유한 사람의 격차를 어떻게 따질 거냐는 주장도 있어요. 일단 윤석열 정부 출범 이후에는 지속적으로 종합부동산세의 기준이 완화되긴 했습니다. 윤석열 정부 들어 종부세를 내는 납세자가 감소했단 사실은 통계로도 확인돼요.

"집값 안정" "차별 과세" '종부세 운명' 갈림길

《한겨레》, 2008.11.13.

종부세 납세자 1년새 61.4% 줄어⋯'논란의 중심' 종부세 운명

은? 《머니투데이》, 2024.06.04.

2008년에도, 2024년에도 종부세의 운명은 늘 뜨거운 주제였습니다. 탄생한 순간부터 이 순간까지 매일 논의되는 세금 핫이슈라 부를 만하죠. 앞으로도 종부세는 세금 논의의 중심에 설 것으로 보입니다.

집을 사고팔 때는
세금을 얼마나 낼까?

취득세와 양도소득세

집을 살 때와 팔 때도 당연히 세금을 고려해야 합니다. 보유했다는 이유만으로 세금을 떼는 재산세 및 종합부동산세와는 사뭇 다른 개념이에요. 부동산 소유주가 바뀔 때 붙는 세금은 따로 있거든요.

모두의 꿈인 내 집 마련을 이루는 건 뛸 듯이 기쁜 일입니다. 기쁜 일이지만! 세금 생각 없이 무작정 집값만 고려했다간 세금 폭탄을 막기 위해 내 자산을 급히 긁어모으는 황당한 상황에 처할 수도 있어요. 저도 종종 이런 케이스를 봅니다. 신혼부부가 생애 첫 집을 구입하면서 '집값'만 생각했다가, 취득세 내라는 청천벽력 같은 소리에 양가 부모님께 손을 벌리는 경우 말이에요.

'영끌족'이다 뭐다 하며 비판받긴 했지만, 실제로 2030 세대는 부동산 시장에 활발히 진입하고 있습니다. 실제로 2023년 연령대별 아파트 매매거래를 조사했을 때 거래율 1위를 차지한 세대는 30대였어요. 사회생활 기간이 길지 않기에 매물의 조건과 본인의 조건, 금리와 집값, 대출 등을 꼼꼼히 따져가며 부동산을 탐방한다는 게 2030 부동산 관심러들의 특징인데요. 지금부터 부동산 초심자라면 꼭 새겨둬야 할 세금 용어를 체크해볼게요.

내 집 쇼핑했다면 세금 생각부터

집을 살 때는 '취득세'라는 세금이 발생합니다. 돌아가신 분께 상속을 받았어도, 살아있는 분께 증여를 받았어도 취득세는 꼬박꼬박 붙습니다. 내 명의의 집이 생기면 취득세가 붙는다고 생각하면 돼요. 집을 어떻게 취득했는지는 해당 건물의 정보를 모아둔 서류인 등기부등본에 상세히 기록됩니다. 구입했다면 '매매', 공짜로 받았다면 '증여'로 적히는 식이죠.

취득세는 언제 낼까요? 여러분이 매매로 집을 구매했다면, 잔금을 치른 날이 취득일이 됩니다. 그날로부터 60일 이내에 신고하고 납부하면 돼요. 증여의 경우엔 증여받은 날(증여일)이 속한 달의 말일로부터 3개월 이내에 처리하면 되고요. 상속은 6개월로 기간이 좀 더 깁니다.

취득세 계산은 간단해요. 취득한 금액에 세율을 곱하면 끝이에요. 취득한 금액은 어떻게 따지냐고요? 매매의 경우, 매매계약서에 적힌 매매대금을 기준으로 삼습니다. 상속받았을 땐 공시가격을 봐요. 증여는 좀 더 복잡합니다. '시가인정액'을 기준으로 하거든요.

시가인정액이란 증여 계약이 체결된 날로부터 이전 6개월, 이후 3개월간 해당 집에 매매·감정·경매·공매로 부여된 가격을 의미합니다. 만약 여러분의 어머니가 10억 원에 집을 구입하고 4개월 후 여러분에게 증여해준다면, 시가인정액은 어머니가 구입한 금액인 10억 원이 돼요. 감정 금액은 집을 보는 전문가인 감정평가사에게 해당 집의 가치를 평가받아 얻은 값입니다. 감정평가사에게 수수료를 지불하고 '이 집, 값어치가 얼마나 될까요?' 하고 평가를 의뢰하면 평가사가 집을 조사한 후 적정한 금액을 매겨주죠. 경매와 공매도 매매와 비슷합니다. 어머니가 경매를 통해 4억 원에 집을 얻어왔다면 시가인정액이 4억 원이 되는 구조예요.

그런데 어머니가 주택을 오랫동안 보유하고 있다가 여러분에게 증여한 경우라면 어떻게 될까요? '최근의 기준'이 될 만한 금액이 없다면요? 이땐 주변에 위치한 비슷한 조건의 매물을 둘러봅니다. 2순위로 '유사 자산의 매매·감정·경매·공매 가격'을 시가인정액으로 사용하는 거예요. 예컨대 아파트는 최근 옆집이 팔렸다면 그 가격을 참고할 수 있습니다. 1순위인 '해당 자산'이나 2순위인 유사 자산의 가액이 전부 없을 경우엔 공동주택가격과 개별주택가격을 시가인정액으로 사용하게 되고요.

한눈에 보는 상황별 취득세율

취득 방법	세율
매매로 얻음	1%~3% (1세대 1주택자, 조정대상지역 아닐 때 기준)
증여로 얻음	3.5%
상속으로 얻음	2.8% (무주택자는 특별히 0.8%)

취득세율도 계산해볼까요? 여러분이 건물을 샀다면, 세금으론 과연 얼마를 내야 할까요? 매매로 주택을 가졌을 땐 그곳이 '조정대상지역'인지 아닌지, 또 주택 몇 채를 가지고 있는지에 따라 세율이 달라집니다. 2023년 1월부터 우리나라의 조정대상지역은 서울특별시 서초구, 강남구, 송파구, 용산구예요. 척 듣기만 해도 감이 오죠? 주택 가격 상승이 과열된 지역입니다. 이런 지역에선 세금도 빡빡하게 걷습니다. 이걸 '중과세율'이라고 불러요.

1주택까지는 조정지역과 비조정지역의 주택에 모두 1%~3%대의 세금이 매겨집니다. 2주택부터는 조정지역에 8%대의 세금이 붙고요. 비조정지역에서 주택 두 채를 가지고 있어도 3%가 최대 세율인 것과는 사뭇 다른 증가치죠?

증여로 주택을 얻었다면 기본적으로 3.5%의 세율을 적용합니다. 단, 조정대상지역이라면 또 이야기가 달라져요. 조정지역 중에서도 공시가격이 3억 원 이상인 주택을 증여받았다면 12%의 세율로 증여세를 내야 합니다. 예외적으로 1세대 1주택자의 주택을 배우자 또는 직계존비속이 증여받을 경우에는 기본세율인 3.5%를 적용해요.

상속으로 주택을 취득했다면 2.8%의 세율이 적용됩니다. 그런데 상속을 받는 사람이 기존에 무주택 세대였다면, 상속세를 낼 여력이 없을 가능성이 크겠죠? 이런 상황을 고려해 무주택 세대에겐 특별히 0.8%라는 저렴한 세율이 부여돼요. 2억 원짜리 주택을 상속받아도 세금은 160만 원만 내면 끝입니다.

2024년 8월 기준, 한국부동산원이 발표한 평균 주택 가격은 전국 기준 3억 9,790만 원, 서울은 8억 5,014만 원입니다. 잠깐 행복한 상상에 빠져볼까요? 여러분이 ① 생애 최초로 ② 서울(단, 조정대상지역이 아닌 곳)에 마련된 ③ 8억 원짜리 주택을 얻었다고 가정하고 상황에 맞는 취득세를 따져볼게요.

매매로 얻었다면 여러분은 '6억 원 초과~9억 원 이하의 주택'에 해당하는 대략 2%대의 세율을 적용받습니다. 내야 하는 취득세는 1,800만 원가량이에요. 또 증여로 얻었다면 3.5%의 세율이 적용된 2,800만 원, 상속으로 얻었다면 2,240만 원을 세금으로 내야 합니다. 상속을 받을 때 여러분이 무주택자라면 640만 원의 취득세만 내는 것이 가능하죠.

집을 팔 때도, 당연히 세금 생각부터

정든 집을 떠나보낼 때도 물론 세금을 내야 합니다. 이 세금은 양도소득세에 해당해요. 앞서 투자를 알아볼 때 익숙해진 개념이죠? 집을 팔면서 이득을 봤다면 양도차익이 발생한다고 표현하고, 손해를 봤다면 양도차손이 있다고 말하는데요. 어느 경우든 세금 신고는 꼭 해야 해요.

양도차익의 계산 구조는 투자 때와 비슷합니다. 내가 집을 팔고 받은 금액에서 내가 집을 산 금액을 빼주고, 사고파는 과정에서 발생한 '비용'을 다시 빼주면 끝이에요. 부동산을 오래 보유했다면 '장기보유특별공제'도 해줍니다. 그렇게 나온 세금에선 기본적으로 250만 원을 제해주고요.

취득가액 및 필요경비, 단계별로 반영할 수 있어요

단계	반영 가능한 항목
취득 시	취득세 및 등록세, 공인중개사 수수료, 법무사 수수료 등
보유 시	발코니 설치, 확장 공사, 시스템 에어컨 설치 등에 발생한 자본적 지출
양도 시	세무사 수수료, 공인중개사 수수료 등

취득가액 및 필요경비로 반영할 수 있는 항목들도 취득, 보유, 양도 단계에 따라 알알이 나뉩니다. 취득 시 납부한 취득세나 등록세, 공인중개사 수수료, 법무사 수수료 등도 반영할 수 있고, 집을 보유한 동안 발코니를 설치하거나 확장공사를 하는 등 자본적 지출이 있었다면 이를 비용으로 반영할 수도 있어요. 단 소소한 수리 정도가 아니라 집의 가치를 올릴 수 있을 정도의 대규모 공사여야 해요. 또 양도할 때 발생하는 세무사 수수료, 공인중개사 수수료 등도 다 비용 처리가 가능합니다.

양도소득세 세율은 기본적으로 (종합소득세 세율과 동일한) 6%~45% 입니다. 하지만 이번에도, 조정대상지역에서 여러 개의 주택을 보유한 사람한테선 세금을 비싸게 받아요. 2주택자라면 기본세율에 20%를 더해 계산하고, 3주택자라면 30%를 더하는 식입니다.

2년 미만 보유한 주택에 대해 제재도 들어가는데요. 1년 미만으로 주택을 가지고 있다가 팔아버리는 경우엔 70%의 세율을, 2년 미만으로 보유하고 있다가 파는 경우엔 60%의 세율을 적용합니다. 정부가 이렇게 빡빡한 세율로 철퇴를 내리는 이유는 주택 시장을 안정적으로 유지하기 위함이에요. 단기간에 투자용으로만 건물을 사고팔면서 시세차익을 노리는 이들이 늘어나면 늘어날수록, 실거주용으로 주택을 찾는 구매자들이 피해를 보게 될 테니까요.

같은 맥락에서, 집을 장기간 보유하다 팔 경우엔 세금 혜택을 받을 수 있습니다. 기본적으론 3년 이상 집을 가지고 있었을 때 '장기 보유를 했다'고 보고 연당 2%의 특별 공제율을 적용해줘요. 이를 장기보유특별공제라고 부릅니다. 보유 기간에 공제율 2%을 곱해주면 되는데요. 3년이라면 6%, 4년이라면 8%, 5년이라면 10% 식입니다. 다만 15년 이상일 경우엔 최대 30%까지만 가능해요.

1세대 1주택자에겐 여기서 더더욱 특별한 공제가 제공됩니다. 거주 기간이 2년 이상일 때 4%씩, 보유 기간이 3년 이상일 때 다시 4%씩 공제를 해주는 거예요. 거주에 대한 공제율과 보유에 대한 공제율이 중복으로 적용되기 때문에 쏠쏠한 혜택을 누릴 수 있습니다. 10년 이상 보유하면서 동시에 거주했다면 양도소득세를 낼 때 총 80%의 공제율을 적용받는 게 가능하답니다.

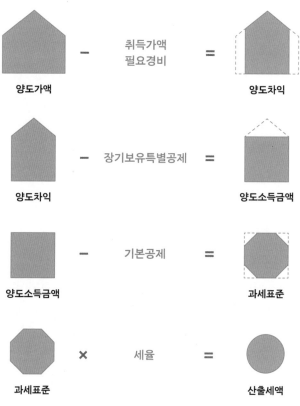

실제 용어로 알아보는 부동산 양도소득세 계산법

양도가액 − 취득가액 필요경비 = 양도차익

양도차익 − 장기보유특별공제 = 양도소득금액

양도소득금액 − 기본공제 = 과세표준

과세표준 × 세율 = 산출세액

부모님께 야금야금 돈 받아서 집 사면 국세청도 모르지 않을까?

주택 자금조달계획서

실컷 돈 이야기를 하긴 했지만, 사실 2030 청년이라면 수중에 큰 재산이 없는 게 당연합니다. 사회라는 벌판에 진출한 지 10년도 채 되지 않은 경우가 허다하니까요. 내 집 마련은커녕 다달이 적금 넣고 청약 들기도 빠듯하죠. 그래서 집을 구매할 때도 흔히 부모님의 도움에 기대곤 합니다. 부모님께 직접적으로 돈을 받거나 빌리기도 하고, 부모님이 가진 집 자체를 증여받는 식으로 취득하기도 해요.

그런데 이때, 뭔가 법에 걸리는 부분은 없을까요? 어차피 가족 간에 대충 이뤄지는 일이고 난 사회초년생인데……. 국세청도 잘 모르지 않을까요?

세상 친절한 세금 수업

정답은, 땡! 국세청은 모를 수가 없습니다. 국세청에선 PCIProperty Consumption and Income라는 시스템을 사용하는데, 이건 재산과 소득, 지출 데이터를 분석해주는 시스템이에요. 예컨대 어떤 납세자의 재산 증가액과 소비 지출액을 합한 금액이 본인이 신고한 소득금액보다 훨씬 높은 수준이라면? 세금 탈루 혐의가 있다고 보는 거죠.

액수가 커질수록 감지력도 덩달아 높아집니다. 만약 연봉 5,000만 원을 받는 3년 차 직장인 박대리 씨가 어느 날 갑자기 8억짜리 집을 샀다면? 연봉을 하나도 안 쓰고 손가락만 빨아가며 모았다 해도 3년간 저축할 수 있는 금액은 1억 5,000만 원이 전부라 미심쩍죠. 이런 상황에서 국세청의 PCI 시스템이 발동합니다.

집을 살 때는 구청에 '주택취급자금 조달 및 입주계획서'라는 서류를 제출해야 해요. 흔히 자금조달계획서라고 부르는 것인데요. 사려는 그 집에 본인의 자금은 얼마나 들어가는지, 대출은 얼마나 끼고 있고 어디에서 받은 것인지, 금융기관을 거쳤는지 혹은 누구에게 개인적으로 빌린 것인지 등등 상당히 꼼꼼한 확인을 요한답니다. 대략적으로 작성하더라도 소득과 재산, 부채를 입증하는 증빙은 꼭 챙겨야 해요.

구청에서 자금조달계획서를 받아본 후 꼼꼼히 살펴본 결과 '수상하군!'이라는 판단이 서면 자금조달 관련 소명서를 요청합니다.

자금조달계획서 제출 내역과 실제 자금 조달 내역에 차이가 있다면 그 차이에 대해 소명을 해야 해요. 이때는 실제로 나의 소득을 증빙할 수 있는 서류, 주식 투자로 늘어난 자산, 증여세 신고 내역 등에 대해 증빙을 갖춰 정성껏 제출해야 합니다.

구청을 향한 소명에도 실패하면 국세청이 출동해 **자금출처조사**를 펼칩니다. 이건 납세자가 재산을 얻었거나 채무를 상환하는 등의 경제적인 행동을 취했는데, 연령·직업·소득·재산 상태 등으로 미루어 보아 혼자 힘으로 이뤄냈다고 인정하기 힘들 때 실시하는 조사예요. 어디에도 신고하지 않고 몰래 현금을 받은 뒤 증여세 등을 내지 않았을 가능성이 있으니까요. 앞선 박대리 씨의 사례처럼, 자금이 부족한 사회초년생이 8억짜리 집을 단숨에 구매한다면? 자금출처조사를 받을 확률이 큽니다.

자금조달계획서가 성공적으로 제출되어 부동산 거래까지 마쳤다 해도 사후관리를 게을리해선 안 돼요. 제가 만난 20대 고객 중에도 이런 케이스가 있었습니다. 국세청 자금출처조사도 무사히 넘겼고 집도 잘 샀는데, 무려 4년 뒤에 세무서에서 연락이 온 거예요. '차용증에 따라 그간 부모님께 원금과 이자를 상환한 내역을 제출해달라'는 요청이었죠. 그 분은 처음에 집을 살 땐 일부 금액을 은행에서 대출받아 충당했습니다. 다만 점점 높아지는 대출 이자를 관리하기가 부담스러워져 부모님께 차용증을 쓴 후 돈을 빌

세상 친절한 세금 수업

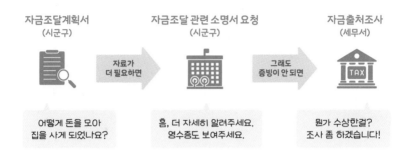

버는 돈에 비해 비싼 집을 사면 어떻게 될까?

자금조달계획서 (시군구)		자금조달 관련 소명서 요청 (시군구)		자금출처조사 (세무서)
	자료가 더 필요하면		그래도 증빙이 안 되면	
어떻게 돈을 모아 집을 사게 되었나요?		흠, 더 자세히 알려주세요. 영수증도 보여주세요.		뭔가 수상한걸? 조사 좀 하겠습니다!

려 은행 대출을 다 상환했다고 해요. 이후에는 차용증에 따라 돈을 갚아가기로 하고요.

여기까지 듣고서 저는 문제가 없으리라 생각했습니다. 부모님께 돈을 빌릴 때도 차용증을 작성할 만큼 꼼꼼한 분이니 세무서에도 금방 해명이 될 줄 알았죠. 확인차 이렇게 여쭤봤습니다. "괜찮아요, 부모님께 이자 꼬박꼬박 보내고 계시죠?" 그런데 당황스러운 대답이 돌아왔어요. "실은, 이자를 내다가 어느 순간부터 안 냈어요……."

큰 자금을 써서 집을 사는 경우엔 꼭 꼼꼼한 사후 관리가 필요합니다. 부모님의 돈을 빌려 충당했다 해도 예외는 아니에요. 위의 경우, 국세청이 애초에 이자나 원금을 갚을 생각 없이 부모님께 공짜로 큰 돈을 받은 것으로 판단하고 증여세를 부과할 수도 있습니다(증여 문제와 차용증에 대해선 뒷장에서 더 자세히 다뤄볼게요). 부모님의 품안이라 해서 부동산 문제가 두루뭉술 해결되진 않는다는 사실! 집을 구매할 계획이 있는 분이라면 유념하세요.

시세보다 싸게 팔리는 집,
이유가 따로 있다?

가족 간 부동산 거래

당장 집을 살 계획이 없는 분이라도, 종종 재미 삼아 네이버 부동산을 둘러보긴 할 겁니다. 최근 몇 평짜리 집이 얼마에 팔렸는지를 누구나 구경할 수 있는 플랫폼이죠. 그런데 가끔 시세보다 훨씬 저렴한 금액으로 이뤄진 부동산 거래가 발견되기도 합니다. 이럴 땐 인근 공인중개사 사무실에 물어보거나 부동산 실거래가를 자세히 조회해보면 답이 나와요. 해당 계약은 공인중개사를 거쳐 사고파는 중개거래가 아니라, 판매자들끼리 알아서 거래하는 직거래 형태로 이뤄졌다고요.

이처럼 같은 동, 같은 평수일 때 중개거래로는 8억~9억 정도에 거래되는 건물이 대뜸 6억에 직거래로 팔린 경우! '이건 뭐지?' 싶겠지만 정체는 대부분 '가족 간 거래'입니다. 가족 간에 할인된 금액으로 합의를 보고 부동산을 주고받는 거예요. 세상에 이런 법이 어디 있냐고요? 당장 국세청이 출동하지 않느냐고요? 자, 이번 장에서는 가족 간에 이뤄지는 부동산 거래의 원리를 차근차근 살펴보겠습니다.

가족 간 부동산 매매에는 법칙이 있다

여기 시가가 10억 원인 아파트에 자가로 거주하고 있는 60대 직장인 김걱정 씨가 있습니다. 걱정 씨의 보물은 하나밖에 없는 딸 김총명 씨예요. 최근 걱정 씨는 "어떻게 하면 총명이에게 내 아파트를 잘 물려줄 수 있을까"란 고민에 골똘해 있습니다. 참, 딸 총명 씨는 현재 전셋집에서 혼자 자취하는 무주택자로, 차곡차곡 돈을 모아 생애 첫 자가 마련을 위한 디딤돌을 쌓는 중이에요.

어떤 방법으로 거래해야 걱정 씨와 총명 씨 둘 모두에게 효율적일까요?

가족 간에 건물을 주고받는 방법으로는 '증여'와 '매매', 두 가지가 있습니다. 이 두 방법을 놓고 고민하는 이유의 중심에는 역시나 세금이 도사리고 있고요. 주는(파는) 사람 입장에서도, 받는(사는)

세상 친절한 세금 수업

사람 입장에서도 가능한 더 적은 세금을 내는 편이 좋겠죠.

매매의 경우, 세금은 차치하고라도 이왕이면 적은 매매가로 거래하고 싶다는 마음이 앞섭니다. 가족이니까요! 하지만 무작정 매매가를 낮출 순 없어요. 국세청이 두 눈을 동그랗게 뜨고 지켜보고 있거든요. 매매의 개념을 이해하려면 앞에서 배웠던 양도소득세를 가져와야 합니다.

양도소득세를 계산하는 기준은 두 가지예요. '시가의 5%' 그리고 '3억'입니다. 이 둘 중 더 적은 금액을 정상 거래의 기준으로 삼는 겁니다. 그 범위를 벗어나 거래하면 비정상 거래임을 감지한 국세청이 출동하죠.

아직 약간은 알쏭달쏭하니, 한번 시뮬레이션을 돌려봅시다. 걱정 씨의 아파트는 10억 원이에요. '시가의 5%'를 적용하면 5,000만 원이 되네요. 두 번째 기준인 '3억'보다 훨씬 적은 금액이고요. 이럴 땐 5,000만 원이 정상 거래의 기준으로 쓰여요. 즉 시가보다 5,000만 원 저렴한 9억 5,000만 원부터 시가보다 5,000만 원 비싼 10억 5,000만 원까지가 정상 거래로 인정되는 범위랍니다.

걱정 씨가 총명 씨를 위하는 마음에 정상 거래의 범위를 넘어서 엄청나게 저렴한 가격으로 아파트를 판매하면 어떻게 될까요? 국세청이 한달음에 달려옵니다. (심지어 이때 국세청이 문제 삼는 세금 항목은 하나가 아니라는 사실!) 일단은 증여세 문제가 생겨요. 해당 아파

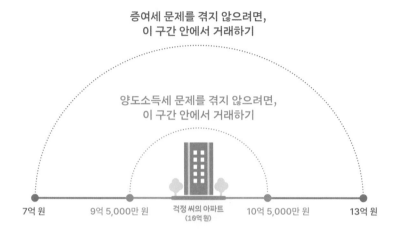

걱정 씨를 위한 가족 간 주택 매매 가이드

증여세 문제를 겪지 않으려면,
이 구간 안에서 거래하기

양도소득세 문제를 겪지 않으려면,
이 구간 안에서 거래하기

| 7억 원 | 9억 5,000만 원 | 걱정 씨의 아파트
(10억 원) | 10억 5,000만 원 | 13억 원 |

트의 '시가'와 실제로 거래되는 금액인 '대가'의 차이가 30% 이상이거나 3억 원 이상일 때 국세청이 증여세를 문제 삼거든요. 걱정씨네를 예로 들어볼게요. 걱정 씨의 아파트값인 10억 원의 30%는 3억이죠? 걱정 씨가 아무리 총명 씨에게 싸게 팔고 싶다 해도 7억원은 넘게 받아야 해요. 이보다 저렴한 5억이나 3억 등등에 거래하면 국세청이 둘의 거래를 '매매가 아니라 명백한 증여'로 간주합니다. 결국 총명 씨는 몇 억에 달하는 증여세를 물어야 하고요.

7억 원이 넘는 금액으로 팔기만 하면 만사가 해결될까요? 그건 아니에요. 아직 양도소득세 문제가 남아있습니다. 걱정 씨가 총명

　　　　　　　　　　　　　　　세상 친절한 세금 수업

씨에게 7억 원을 받고 아파트를 넘겼다고 가정해볼게요. 이때 국세청은 둘의 거래를 비정상 거래로 판단하고 양도소득세 계산식을 바꿔버립니다. 7억 원에 아파트를 넘긴 게 아니라 시가인 10억 원에 넘겼다고 상정하고 세금을 계산하는 거예요. 결과적으로 양도 차익이 커지고, 걱정 씨가 떠안을 양도소득세 부담도 자연히 부풀게 됩니다. 총명 씨의 증여세를 피하기 위해 매매라는 길을 선택했건만 이번엔 걱정 씨가 양도소득세를 왕창 내게 된 거예요.

하지만 걱정 씨는 사실 1세대 1주택자이기 때문에, 양도소득세 걱정을 덜 수 있어요. 양도소득세 비과세 요건을 충족하면 양도소득세 자체를 면제받을 수 있거든요. 이때는 증여세만 요리조리 따져보면 됩니다. 물론 대전제로 총명 씨에게 걱정 씨의 집을 살 수 있는 7억 원이라는 돈이 있어야겠죠.

가끔 국회의원 등의 유명인들이 이 방법을 활용했다가 '증여세를 피하려 편법을 썼다'며 손가락질을 당하기도 하는데요. 얄미운 마음까진 어쩔 수 없겠지만 불법이나 편법은 전혀 아니에요. 여러분에게도 이런 찬스가 다가온다면 적극적으로 써먹읍시다. '1세대 1주택자라서 비과세를 받을 수 있다면 증여세 기준만 따질 것'이라는 공식을 기억하자고요. 만약 걱정 씨가 2주택 이상을 보유했다면 양도소득세가 부과된단 점에도 유의해야 합니다.

마음이 편해지는 시세 확정 팁

그렇다면 증여세를 피하기 위한 범주인 '시가와 대가의 차이 30%'를 똑 부러지게 계산하는 방법도 있을까요? 물론이죠, 이때 필요한 사람이 감정평가사입니다. 집을 꼼꼼히 둘러보고 해당 주택의 가치를 매겨주는 부동산 전문가들이에요. 가족 간 부동산 거래를 할 땐 미리 감정평가사를 불러 평가를 받아두는 게 좋습니다. 우리 집만의 고유한 가격을 못박는 효과가 있거든요.

걱정 씨와 총명 씨를 다시 소환해 가정해봅시다. 둘은 감정평가를 받지 않고 거래를 진행했어요. 이럴 경우 걱정 씨가 계산에 사용하는 시가는 주변 집들의 거래 현황에 따라 달라집니다. 증여세는 증여일 이전 6개월, 이후 3개월간 해당 매물이 매매·감정·경매·공매 등을 진행한 가격이 있을 시 그 가격으로 계산하고, 기간 내에 해당 매물의 가격이 없을 때는 옆집이나 아랫집처럼 조건이 비슷한 매물의 가격을 시가로 씁니다.

걱정 씨네 아파트는 가격 변동이 그리 크지 않은 조용한 동네에 있습니다. 그래서 걱정 씨도 굳이 감정평가를 받지 않고 다른 집들의 '유사매매사례가액'을 가져다 쓴 거고요. 7억 원을 초과하면 증여세를 피할 수 있다지만, 괜한 염려가 들어 걱정 씨와 총명 씨는 상호 합의하에 8억 원으로 거래를 마쳤습니다. 증여세도 안전하게 피했고, 1세대 1주택자인 걱정 씨가 건물을 판매함으로써 양도소득세도 무사히 면제받았어요.

그런데 갑자기 세무서에서 연락이 옵니다. "걱정 씨, 얼마 전에 같은 아파트의 같은 평수 매물이 15억 원에 거래되었어요." 결국 시가가 바뀌었다는 청천벽력 같은 말이었죠. 이러면 걱정 씨와 총명 씨의 거래엔 문제가 생깁니다. 시가가 15억 원이라면 걱정 씨는 최소 12억 원은 넘게 받았어야 했는데 8억에 팔아버렸으니까요.

이러한 '만약의 사태'를 방지하기 위해선 우리 집의 가격을 확정해놓는 감정평가가 제일입니다. 설령 주변 시세보다 평가받은 금액이 좀 더 비싸다고 해도, 감정평가 수수료가 별도로 나간다고 해도! 발 뻗고 잘 수 있는 편안함을 얻은 셈이니 마음이 고요해져요. 시가가 확정되었기 때문에 옆집이 15억에 거래를 하든 150억에 거래를 하든 상관없어요.

6장

모르면 나만 억울해지는 증여, 이젠 남 일이 아닌 상속

세금 걱정 없이 주고받을 수 있는 돈은 얼마까지일까?

증여세와 증여재산공제

본격적인 증여의 세계로 빠져볼까요? 증여는 누군가에게 자산을 공짜로 주는 걸 의미합니다. 이 '누군가'의 범위엔 가족도 당연히 포함돼요. 그리고 가족에게도 돈을 줬다면 세금을 내야 하고요. 이 개념을 처음 접한 분들은 황당해하며 고개를 갸웃거리곤 합니다. 어쩌면 여러분도 지금 '우리가 남인가? 가족한테 준다는데 웬 세금?'이란 생각을 떠올렸을 거예요. 하지만 돈 좀 아는 어른으로 거듭날수록 증여는 피부로 생생히 와닿는 현실이 됩니다. 하루라도 일찍 배워둬야 세금 폭탄을 피하면서 자산을 똑똑하게 관리할 수 있어요.

사실 가족 간에 돈을 주고받을 땐 '증여재산공제'라는 혜택이 제공돼요. 이건 증여하는 돈의 일부에 대해선 증여세를 묻지도 따지지도 않겠단 뜻입니다. 가족 간에까지 알알이 세금을 매기면 너무 정 없잖아요. 우선 배우자와 돈을 주고받을 땐 10년간 무려 6억 원까지 세금이 면제됩니다. 다른 가족보다 공제 한도가 월등히 높은데, 부부를 일종의 경제적 공동체로 인정하기 때문이에요. 서로의 자산 형성에 기여한 사이라고 봐주는 겁니다.

활용법은 무궁무진해요. 예컨대 홑벌이 가구를 생각해봅시다. 경제활동을 하는 남편이나 아내는 계속해서 신고한 소득이 존재하는데, 그 배우자는 전업주부로서 가사를 도맡느라 신고된 소득이 없다면? 공동명의로 집을 살 때 국세청의 질문을 받을 가능성이 생겨요. '주부 쪽은 소득 출처가 없는데, 무슨 돈으로 집을 사는 건가요?' 하는 질문이요. 이때 경제활동을 하는 쪽이 6억 공제를 활용해 배우자의 소득 출처를 채워줄 수 있습니다.

직계존속(부모님, 조부모님 등)으로부터는 10년간 5,000만 원을 세금 문제 없이 받는 게 가능해요. 피가 섞이지 않은 계모, 계조부 등도 포함되고요. 단 '아빠에게 5,000만 원, 엄마에게 5,000만 원'식으로 합쳐 계산하는 건 아니에요. '직계존속 그룹' 전체로부터 10년 동안 5,000만 원입니다. 아빠에게 4,000만 원을 받았다면 엄마에겐 1,000만 원까지만 받을 수 있어요. 직계비속(자녀, 손자녀)의 경우도 마찬가지예요. 첫째가 엄마에게 3,000만 원을 증여했다면 둘째는 2,000만 원까지만 드릴 수 있습니다. 그럼 첫째가 아빠에게 5,000만 원, 엄마에게 5,000만 원을 각각 증여하는 건 어떨까요? 이런 방식은 문제되지 않아요. 수증자, 즉 받는 사람을 기준으로 삼는 증여세의 속성 때문이에요.

6촌 이내의 혈족, 4촌 이내의 인척 등 기타 친족으로부터 받는 돈은 10년간 1,000만 원까지 공제됩니다. 여기서 혈족이란 혈연관계를 맺은 사람, 인척은 혼인을 통해 관계가 생긴 사람을 의미해요. 형제자매도 법적으로는 2촌이라 기타 친족에 포함되죠. 장인·장모, 며느리·사위 등도 기타 친족이고요.

공제를 확인했으니 증여세의 계산 공식도 알아볼까요? 증여세는 기본적으로 받는 쪽이 내는 세금입니다. 부모님이 내게 돈을 입금해줬다면 세금은 내가 내는 구조예요.

계산을 시작하는 금액은 '증여재산가액'이라고 부릅니다. 현금 1억을 받았다면 1억이 증여재산가액이 돼요. 부동산은 시가를 씁니다. 증여일 전 6개월부터 증여일 후 3개월 내의 매매·감정·경매·공매 가격이 시가로 인정되는데, 가져다 쓸 만한 시가가 없다면 기준시가를 사용할 수도 있어요.

이후엔 증여재산가액에서 채무를 빼줍니다. 가령 5억짜리 건물을 증여하는 상황에서 해당 건물에 2억의 채무가 걸려있다면, 증여세는 나머지 3억에 대해서만 부과돼요. 이렇게 빚을 함께 넘기

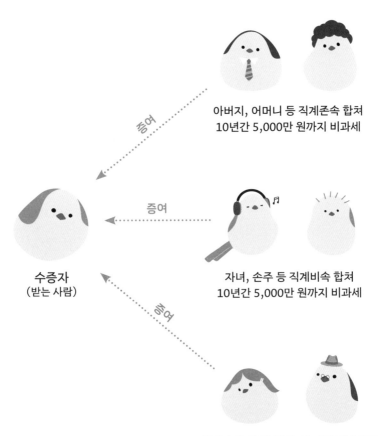

증여재산공제는 '그룹'별로 묶인다!

아버지, 어머니 등 직계존속 합쳐
10년간 5,000만 원까지 비과세

증여

수증자
(받는 사람)

증여

자녀, 손주 등 직계비속 합쳐
10년간 5,000만 원까지 비과세

증여

형제자매, 장인·장모 등 기타 친족 합쳐
10년간 1,000만 원까지 비과세

세상 친절한 세금 수업

받은 재산 (증여재산가액)

— 채무액

＋ 10년 내에 같은 사람에게 받았던 재산 (증여재산가산액)

— 증여재산공제

✕ 세율

= 증여세

는 증여를 '부담부증여'라고 부르는데요. 증여세가 줄어드는 효과가 있긴 하지만 증여를 받는 사람이 실제로 빚을 떠안아 갚아가야 합니다. 채무를 제외한 자산만 넘기는 것도 가능해요. 이럴 땐 단순 증여로 봅니다. 채무액을 뺀 다음엔 동일한 사람으로부터 10년 내에 증여받은 재산이 있다면 더해줘요. 이전 증여 때 납부한 증여세는 당연히 다 공제해줍니다.

이제 증여재산공제를 빼주고 세율을 곱하면 끝이에요. 증여세 세율은 심플합니다. 1억 원 이하는 10%, 5억 원 이하는 20%, 10억 원 이하는 30%거든요. 누진세도 적용돼요. 만약 7억 원을 받았다면 1억까지는 10%의 세율을 적용하고, 4억에 대해선 20%, 나머지

증여세 세율

과세표준	세율	누진공제
1억 원 이하	10%	-
1억 원 초과~5억 원 이하	20%	1,000만 원
5억 원 초과~10억 원 이하	30%	6,000만 원
10억 원 초과~30억 원 이하	40%	1억 6,000만 원
30억 원 초과	50%	4억 6,000만 원

2억에 대해선 30%를 적용하는 식이죠.

직접 계산해봅시다. 여러분이 부모님께 생애 최초로 3억 원을 받는다고 상상하는 거예요. 채무도 없고, 증여재산가산액도 없는 상황입니다. 생애 최초이니 증여재산공제 5,000만 원을 적용받겠죠? 과세표준은 2억 5,000만 원이 됩니다. 누진공제표를 따라 2억 5,000만 원 전체에 일괄적으로 20%를 곱해준 후 1,000만 원을 빼주면 끝이에요. 여러분이 내야 할 증여세는 총 4,000만 원입니다. 어떤가요? 예상보다 조금 많지 않나요? 실제로 우리나라의 증여세율은 세계적으로도 높은 편에 속합니다. 그래서 증여세를 둘러싼 의견도 분분해요. '부가 부를 낳는 대물림을 억제하기 위해선 당연히 높은 세율이 필요하다'는 입장과 '부자들뿐 아니라 중산층 가정에까지 부담이 온다'는 입장 등 다양한 이야기가 오가는 중이죠.

엄마한테 돈 빌릴 때도
이자를 따져야 한다고?

가족 간 무이자 대출

가족에게 돈을 '빌릴' 수도 있을까요? 당연합니다. 다만 무한정 무이자로는 불가능해요. 부모라면 자식에게 무이자로 돈을 빌려주고 싶겠지만, 정말 무이자로 돈을 빌려주면 세법상 문제가 됩니다. 법을 무시하고 금전을 무상으로 대출해줄 경우 어김없이 국세청이 달려갑니다. 그리고 내야 했을 이자(하지만 내지 않은 이자)를 '증여받은 금액'으로 계산해 세금 계산서를 떼죠.

적정 이자율도 전부 법에 명시되어 있어요. '당좌대출이자율'이라는 항목이에요. 이건 원래 금융기관에서 사용되는 용어지만, '가족 간 대출이 얼마나 합당한가'를 따져볼 때 기준점으로 가져와 쓰는 개념이기도 합니다. 2024년 기준, 당좌대출이자율은 4.6%

예요. 이렇게 적정 이자율을 정해두지 않으면 법의 빈틈을 노리는 납세자들이 하나둘 몰려듭니다. 가족에게 아주 낮은 이자율을 적용해 돈을 빌려주면서 빌린 사람이 이득을 보게 만들기도 하고, 엄청나게 높은 이자율을 적용하여 돈을 빌려준 사람의 이득을 도모하기도 하죠. 그래서 통상적으로 당좌대출이자율은 시중 금리보다 높게 설정됩니다. 2009년에는 무려 8.5%의 이자율을 자랑했어요. 4.6%로 정리된 건 2016년 3월부터랍니다.

그럼 가족 간 대출에선 무조건 4.6%의 이자율을 적용해야 할까요? 그건 아니에요. 아들이 아버지에게서 3억 원을 빌린 상황을 예시로 들어볼게요. 만약 무이자로 3억을 빌린다면 실제 낸 이자는 0원이지만, 세법상 적정 이자율인 4.6%로 계산한 이자는 1,380만 원이에요. 이 금액이 바로 국세청이 '증여받은 돈'으로 보는 증여재산가액이 됩니다. 그럼 당좌대출이자율보다 더 낮은 3%의 이자율을 사용한다면 어떨까요? 이럴 땐 1,380만 원(3억의 4.6%)에서 3억의 3%인 900만 원을 뺀 480만 원이 증여재산가액이 됩니다.

여기서 중요한 사실은 따로 있어요. 이렇게 증여받은 것으로 보는 금액을 계산했을 때 1,000만 원 미만이 나오면 국세청도 세금을 매기지 않는단 겁니다. 증여로 치지 않고 넘어가주는 셈이죠! 예컨대 딸이 어머니에게 1억 원을 빌렸다고 가정해볼게요. 무이자로 1억을 빌리면 증여받은 것으로 보는 금액은 4.6%를 곱한 460만

　　　　　　　　　　　　　세상 친절한 세금 수업

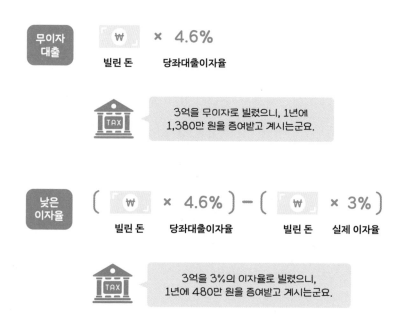

부모님께 돈을 빌렸다! 상황별 증여 금액 계산법은?

무이자 대출

빌린 돈 × 4.6%
당좌대출이자율

3억을 무이자로 빌렸으니, 1년에
1,380만 원을 증여받고 계시는군요.

낮은 이자율

(빌린 돈 × 4.6%) - (빌린 돈 × 3%)
당좌대출이자율   실제 이자율

3억을 3%의 이자율로 빌렸으니,
1년에 480만 원을 증여받고 계시는군요.

원이 됩니다. 3%의 이자율로 빌릴 경우 460만 원에서 300만 원을
뺀 160만 원이 되고요. 둘 다 1,000만 원 미만이죠? 이럴 때 국세
청은 세법상 증여로 판단하지 않습니다. 이자를 내지 않더라도 문
제 삼지 않아요.

단 앞서 아버지에게서 3억을 빌렸던 아들의 경우처럼, 이자율
4.6%가 1,380만 원인데 무이자로 돈을 빌렸다면? 1,380만 원 전액

을 증여받은 걸로 봅니다. 아들이 증여세를 내야 하는 겁니다.

　그럼 우리가 부모님께 무이자로 빌릴 수 있는 금액은 최대 얼마일까요? 999만 원을 4.6%로 나눈 값인 2억 1,717만 3,913원입니다. 약 2억 1,700만 원까지는 무이자로 돈을 빌리는 게 가능해요. 하지만 무이자로 빌릴 수 있는 금액을 지켰으니 국세청의 시야에서 벗어났다고 안심해선 안 됩니다. 빌린 돈이니 무조건 갚아야 하는데 내 돈이라고 여겼다간 큰일날 수 있어요. 부모님께 돈을 빌린 시점부터 갚는 시점까지, '이 돈이 증여가 아닐까' 하는 국세청의 레이더망이 계속 발동하거든요.

월세 보증금, 생활비, 등록금! 전부 증여일까?

가족 간 증여 하면 나오는 단골 질문도 만나볼게요. 저는 "지방에서 살다가 서울로 대학을 가게 되었는데, 소득이 없는 상태에서 부모님께 자취방 전세자금을 지원받는 것도 증여일까요?"라는 질문을 정말 자주 듣습니다. 이 경우 추후 증여받은 게 아니라 빌린 돈이라고 주장하기 위해선 차용증을 갖춰두는 게 좋아요. 또 무이자 대출이 가능한 최대 금액인 2억 1,700만 원에 맞춰서 전·월세 보증금을 구하는 편이 안전하겠죠?

전세 기간이 끝난 후 부모님께 자금을 반환하지 않으면 세무서가 문제를 삼았을 때 곤란해질 수 있습니다. 실질적으로 증여인 셈이니까요. 종종 자녀들이 부모님 돈으로 쭉 전셋집에 거주하다가 자기 집을 구매하기도 하는데요. 이때 앞서 살펴본 자금조달계획서를 쓰게 됩니다. '어떻게 돈을 모아서 이 집을 사게 되었나요?' 하고 묻는 서류인데, 기존의 전세자금을 기입하는 란도 있어요.

그런데 납세자 본인이 신고한 소득이나 주식 등으로 벌어들인 소득을 아무리 합쳐봐도 집을 살 만한 금액까진 안 된다면? 대신 (어디서 났는지 모를) 기존의 전세자금이 자금조달계획서에 떡하니 자리 잡고 있고, 증여세 신고 기록이 없는 상태라면? 정황상 국세청이 증여 여부를 따져볼 여지가 생기겠죠.

조금 더 들어가볼게요. 세법에서 정의하는 '부모님께 돈을 받았음에도 증여라고 보지 않는' 상황은 네 가지입니다. 첫째는 생활비 또는 교육비, 둘째는 학자금 또는 장학금, 셋째는 기념품과 축하금 및 부의금, 마지막은 혼수용품이에요. 단 무조건 세금 공짜 혜택이 떨어지는 건 아닙니다. 정확히 해당 용도로만 직접 지출해야 해요.

직장인 성실 씨의 대학 시절을 회상해봅시다. 소득이 따로 없는 성실 씨는 부모님께 매월 50만 원의 생활비를 받았어요. 그리고 50만 원을 진짜 생활비로 사용했죠. 즉석밥이나 간장 같은 식료품도 샀고, 전셋집 공과금도 꼬박꼬박 냈고, 병원에도 갔어요. 매월 50만 원의 생활비를 12개월로 곱하면 600만 원이 되고, 10년을 곱하면 6,000만 원이 되지만 전부 상관없습니다. 국세청은 생활비를 증여로 치지 않으니까요.

이런 가정은 어떨까요? 성실 씨가 매월 부모님께 1,000만 원씩을 받았다면요. 생활비로도 100만 원쯤을 썼지만 예금 혹은 적금에 돈을 넣거나, 주식을 사거나, 꼼꼼히 모아뒀다가 부동산을 사는 데도 사용했다면? 이럴 땐 증여세를 내야 합니다. 같은 용돈이라 해도 직접 생활비로 지출하는지, 생활비로 쓰고도 남아서 돈을 모아 이런저런 금융활동을 도모할 수 있는지에 따라 증여 여부도 달라져요.

학자금 또는 장학금도 마찬가지입니다. 성실 씨가 부모님께 대학 등록금을 지원받는다 해서 증여로 보진 않아요. 학업 수행을 위해 사용하는 돈이잖아요. 그런데 한 학기 등록금이 300만 원인 학교에 다니면서 학기마다 1,000만 원을 등록금 명목으로 받는다면? 나머지 700만 원은 성실 씨가 꼴깍하는 셈이죠. 학기마다 등록금을 내고도 남아서 '모아둘 수 있는' 돈이고요. 이렇게 700만 원을 8학기에 걸쳐 모은 5,600만 원에 대해서는 증여로 볼 여지가 생긴답니다.

세상 친절한 세금 수업

차용증 보기를 금 보듯 할 것

차용증을 언급하긴 했어도, 사실 가족끼리 차용증을 쓰는 일이 다소 낯설게 느껴지긴 할 거예요. 하지만 **가족 간 차용증**은 청문회에도 자주 등장하는 단골 주제랍니다. 차용증에 붙는 논란점은 크게 두 가지입니다. 차용을 가장한 증여는 아닌지, 그리고 해당 금액에 대한 이자소득세 신고는 제대로 처리되었는지예요.

최근에는 공직자 J씨의 사례가 화제를 샀습니다. J씨는 청문회 때 '아들에게 차용을 가장한 증여를 한 게 아니냐'는 의혹을 받았어요. 사연인즉 J씨의 아내가 아들에게 2%의 이자율로 1억 5,000만 원을 빌려줬고, 아들은 이 돈에 본인의 급여와 임대보증금을 합해 오피스텔을 하나 구매했단 겁니다. 물론 J씨의 아들은 차용증에 따라 어머니에게 월 이자 25만 원을 꼬박꼬박 지불했어요. 만일 증여했다면 아들 쪽이 1,000만 원의 세금을 냈을 텐데, 돈을 빌렸기 때문에 증여세 없이 1억 5,000만 원을 활용해 오피스텔을 살 수 있었던 셈이죠. 이자뿐 아니라 원금까지 전부 갚을 의지가 있고, 실제로 갚아나가는 움직임을 보인다면 이런 방식이 세법상 불법은 아니에요.

단 이자소득세 문제는 별개입니다. J씨의 아내가 월 25만 원을 계속 받아왔다면 12개월 동안 300만 원의 소득이 생긴 거잖아요.

원래 개인 간에 돈을 빌리면 이자를 주는 사람이 '비영업대금의 이익'이라는 항목으로 27.5%를 원천징수한 뒤 세금 신고까지 마쳐야 합니다. 즉 J씨의 아들이 이 과정을 도맡았어야 해요. 혹은 돈을 받은 어머니가 연간 이자소득 300만 원에 대해 종합소득세 신고를 해도 무방하고요. J씨 가족은 이 부분을 챙기지 못해 논란이 된 겁니다.

J씨 가족은 차용증도 작성했는데요. 그럼에도 그 차용증을 지적받았어요. 차용증 내용에 차용 일자나 금액, 목적, 이자율 등이 빠져 있었기 때문이죠. 이렇듯 차용증을 일단 써둔다고 해서 만사가 끝난 건 아닙니다. 차용증에도 룰이 존재해요. 채권자와 채무자의 인적사항을 적고, 원금과 매월 갚아야 할 이자 금액, 이자 지급일도 꼼꼼히 써야 해요. 원금 변제일은 보통 5년 단위로 설정해요. 20년 등 너무 터무니없는 기간을 만기로 정할 경우 갚을 의사가 없는 것으로 의심받을 수도 있어요. 만약 원금 변제일까지 상환하지 못했다면 차용증을 다시 써야 하고요.

구체적으로 누구의 어떤 계좌에 원금과 이자를 입금할 것인지, 차용증은 언제 쓰였는지까지 기입한 후엔 가까운 법원 등기소에 가서 확정일자를 받습니다. 확정일자를 받아두면 '차용증이 확실히 이 날짜에 쓰였다'는 사실을 증빙하기가 쉬워요. 조금 귀찮더라도 증빙을 찍어두면 추후 혹시라도 증여 문제가 생겼을 때 해결이용이하답니다.

다만 차용증이 마법 카드는 아니에요. 국세청은 차용증 내역을 매년 관리합니다. 이자를 지급했는지, 원금을 갚을 준비는 되었는지 등을 차근차근 살핍니다. 만기일에 원금을 상환하지 못했을 땐 '처음부터 갚을 생각이 없었던 건 아닌가?' 하고 의심하기도 해요. 그러니 증여세 폭탄에 대비하고 싶다면 사후 관리에도 힘써야겠죠?

결혼 축의금에도, 이혼 후 재산분할에도 세금이 붙을까?

결혼과 세금의 세계

결혼을 준비하는 예비신부 김신혼 씨는 요즘 부쩍 한숨이 늘었어요. 예상했던 것보다 돈 나갈 구석이 훨씬 많았거든요. 결혼식장부터 혼수비용, 신혼집 마련까지. 모아둔 돈을 알차게 분배했지만 결국 부모님의 도움을 꽤나 받게 되었습니다.

신혼 씨뿐만이 아닙니다. 사실 20대나 30대 부부들은 하릴없이 집안의 도움을 받아 부부의 세계로 입성하곤 합니다. 모아둔 재산이 부족하니 당연한 일이에요. 그런데 이때, 세금 계산은 어떻게 처리하는 걸까요? 부모님의 돈으로 혼수를 마련하거나 축의금을 정산하는 일에도 칼같은 세금 기준선이 다 정해져 있을까요? 좋은 게 좋은 거라고 두루뭉술 넘어가주진……않겠죠?

　　　　　　　　　　세상 친절한 세금 수업

놀랍게도 결혼 앞엔 딱히 칼같은 기준이 없어요. **혼수용품**부터 들여다봅시다. 법원은 "혼주인 부모가 자식의 결혼과 예물비용을 부담하는 것은 일반적으로 통용되는 사회적 관습"이라고 판단해요. 즉 사회 통념상 용인될 수 없을 만큼 과다한 금액이 아니라면 굳이 증여세 대상으로 보진 않는단 겁니다. 신혼 씨는 혼수용품 앞에서 국세청의 눈치를 살피지 않아도 괜찮아요. 부모님의 지갑에 의지해 냉장고도, 세탁기도, 푹신한 침대도 살 수 있습니다.

"사회 통념상"이라는 표현이 조금은 애매하게 들리죠? 여기서 말하는 '세금 안 떼는' 혼수용품은 일상생활에 필요한 가사용품입니다. 호화로운 사치품, 주택과 차량 등은 예외예요. 따라서 신혼 씨처럼 가전제품 및 가구 정도를 지원받았을 땐 혹시나 문제가 생겨도 증여가 아니라고 주장하면 쉽게 받아들여집니다. 사치품이나 주택, 차량을 혼수 명목으로 지원받았을 땐 증여세를 내야 하고요.

참고로 가연결혼정보에서 발표한 '2024 결혼비용 리포트'에 따르면 기혼자 1,000명의 평균 혼수비용은 2,615만 원이었습니다(결혼 5년 차 이내 기혼자 1,000명을 온라인으로 조사). 평균을 고려하면 혼수 준비에 도움이 되겠죠? 평균 내에서 이런저런 물품을 지원받는 건 문제가 되지 않아요.

축의금은 어떨까요? 사실 축의금을 받고 방명록을 보면 결혼 당사자의 손님이 건넨 돈과 부모님의 손님이 건넨 돈이 확연히 구분되는데요. 이때 '결혼 당사자의 손님'이 주는 금액은 결혼하는 나의 몫입니다. 가져가도 무방해요. 다만 부모님의 손님이 주는 돈까지 내가 다 챙겨갈 경우 증여로 잡힐 만한 여지가 생겨요. 물론 대재벌이나 유명인이 아닌 일반인의 결혼에서 축의금으로 의혹이 불거질 가능성은 거의 없지만! 만에 하나 모를 상황에 대비해 방명록 정도는 꼼꼼하게 정리해둡시다.

다행히 우리의 김신혼 씨도 별 탈 없이 결혼식을 마쳤습니다. 넋이 나간 와중에도 방명록까지 착실하게 챙겼고요. 그런데 문득 친척 어르신이 다가와 봉투를 내미는 게 아니겠어요. 슬쩍 열어 살펴보니 제법 두둑한 5만 원권이 가득 차 있었습니다. 신혼 씨는 순간 감사한 마음이 몰려와 뭉클해졌지만, 동시에 깜짝 놀랐습니다. '이렇게 많은 돈을 그냥 받아도 되는 걸까?' 하는 생각이 들었죠.

종종 친척이나 부모님이 결혼을 축하한다며 큰 금액을 덜컥 건네기도 하는데요. 국세청은 여기에도 '사회 통념상'을 적용합니다. 사회 통념상 인정되는 금액까지만 증여가 아니라고 보는 거예요. 말 그대로 '케이스 바이 케이스'인 셈입니다. 만약 이런 돈을 둘러싼 이슈가 생겼을 땐 세무서, 국세청, 더 나아가면 법원까지 나서서 해당 사연을 깊이 들여다보고 판단하게 돼요.

세상 친절한 세금 수업

결혼 축하해요! 정부의 세금 혜택 선물

앞서 배운 증여재산공제, 잊지 않았죠? 부모가 자녀에게 재산을 줄 땐 10년간 최대 5,000만 원까지, 사위나 며느리에게 줄 땐 10년 간 최대 1,000만 원까지 세금 없이 증여할 수 있는 제도인데요. 신혼부부라면 여기에 더해 특별 혜택을 누리는 게 가능합니다. 정부가 결혼 장려 목적으로 준비한 '혼인·출산 증여재산공제'의 힘을 빌리면 돼요.

사회 통념이라는 느슨한 기준으로 결혼과 혼수비용은 어찌저찌 넘겼지만, 신혼부부가 함께할 미래를 그려보면 돈 나갈 곳은 수없이 많습니다. 이럴 때 부모가 자녀에게 증여할 수 있는 기본 5,000만 원에, 추가로 혼인·출산 증여재산공제를 적용한 1억 원을 비과세로 받을 수 있습니다. 배우자도 같은 과정을 거쳐 돈을 마련할 수 있고요. 신혼부부가 최대 3억까지 세금을 안 내고 받아올 수 있으니 이왕이면 서로 잘 의논해 금액을 꽉꽉 채우면 좋겠죠.

이 공제를 잘 이용하기 위해서는 혼인관계증명서가 중요합니다. 혼인관계증명서에는 '신고일'이 적혀 있을 텐데요. 그 신고일 전후로 2년 이내에 증여를 받으면 세금이 붙지 않습니다. 만약 혼인 신고 전 증여재산공제를 먼저 받았다면 2년 안에 혼인신고를 하면 되고요. 출산 혹은 입양도 마찬가지입니다. 출생신고서상 출생일 또는 입양신고일부터 2년 이내에 증여를 받으면 됩니다. 이때도 1억 원의 증여재산공제를 적용해줘요.

그럼 혹시 결혼할 때 1억 원을 증여받고, 출산할 때 또 1억 원을 증여받을 수 있는 걸까요? 아쉽지만 그건 불가능해요. 이 공제의 이름이 왜 '혼인·출산 증여재산공제'라고 하나로 묶여있겠어요. 혼인이나 출산 중 한 번만 적용할 수 있는 공제입니다. 증여재산공제액인 5,000만 원과 합쳐 최대로 공제받을 수 있는 금액은 인당 1억 5,000만 원이라는 걸 기억해두세요!

이외에도 신혼부부가 살뜰히 챙겨야 할 세액공제들은 더 있습니다. 혼인신고 시 부부 1인당 50만 원, 부부 도합 100만 원의 세액공제를 해주는 세법개정이 발표되었어요. 2024년 1월 1일 이후 혼인신고분부터 3년간(2024년~2026년), 생애 1회 결혼세액공제를 제공합니다. 연말정산을 할 때나 종합소득세를 신고할 때 쏠쏠하게 활용할 수 있는 항목이에요.

더불어 각각 1주택자인 개인들이 결혼하면서 1세대 2주택자가 된 경우, 이 2주택을 그냥 1세대 1주택으로 간주해주는 특례도 있습니다. 기존에는 5년 내에 주택 둘 중 한 채를 정리해야 했지만, 2025년부터는 기준이 후해져 10년 내에만 한 채를 정리하면 됩니다. 결혼 이후 5년(혹은 10년) 동안은 1세대 1주택자로 보기 때문에 양도소득세와 종합부동산세를 크게 물지 않고 자산을 처리할 수

세상 친절한 세금 수업

있다는 장점이 있습니다. 이런 제도가 없었다면 1세대 2주택자로서 세금을 왕창 내야 했을지도 몰라요.

이혼 후 재산분할, 세금은 누가 내야 할까?

부부가 영원한 꽃길을 달리면 좋겠지만, 어쩔 수 없는 균열 앞에선 이혼을 맞이하게 됩니다. 최근에는 이혼 과정을 브이로그로 찍어 유튜브에 올리는 분들도 많아졌어요. 영상 댓글을 통해 위로를 주고받으며 다친 마음을 자연스레 치료하기도 하고요.

다친 마음이야 차차 회복할 수 있겠지만, 현실은 현실입니다. 금전 문제가 남아있죠. 하나의 '세대'였던 부부가 갈라져 다시 재산을 가진 '개인'이 될 때, 세금은 어떻게 처리될까요?

위자료부터 살펴볼게요. 위자료는 상처를 받은 배우자 쪽의 정신적 고통을 위로하기 위해 (한때 배우자였던 이가) 배상해줘야 하는 돈입니다. 바람을 피웠거나 폭언을 한 경우, 집안일을 전혀 돕지 않고 도박 중독에 빠져 가정을 위태롭게 만든 경우 등 정신적 충격이나 불명예를 안겨줬을 때 돈으로 물어주는 거예요. 평균적으로는 2,000만 원이고 잘 받을 때는 3,000만 원 정도가 나옵니다. 금액을 높여야 한다는 주장이 있지만 아직 평균은 이 선이에요.

SK그룹의 최태원 회장과 아트센터 나비 노소영 관장의 이혼 소식이 연일 화제였죠? 1심에선 최태원 회장이 노소영 관장에게 위자료로는 1억 원, 재산분할로는 665억 원을 떼어주고 이혼을 진행하라는 판결이 나왔습니다. 그런데 2심에선 금액이 더 불어나 위자료 20억 원, 재산분할 1조 3,800억 원을 지급하라는 판결이 내려졌어요. 여론은 금세 불타올랐습니다. '위자료 20억 원'은 위자료 역사상(?) 최고 금액이었거든요.

내친 김에 재산분할도 들여다봅시다. 사실 최태원 회장과 노소영 관장 간 이혼의 쟁점도 이 부분에 있어요. 최태원 회장이 가지고 있는 SK㈜의 지분은 2024년 5월 말 기준으로 약 2조 원으로 추정됩니다. 지분의 가치를 끌어올리는 데 최 회장의 기여도가 높다면, (혼인을 통해 공동으로 재산을 모은) 노소영 관장의 기여도 역시 높게 인정되죠. 그에 따라 재산분할의 금액도 커지고요. 이 때문에 법원은 최 회장의 기여가 SK의 가치를 높이는 데 탁월한 역할을 했으므로 노 관장의 몫도 인정해줘야 한다고 판결한 겁니다.

최 회장은 그렇지 않다며 반박했지만, 2심 법원은 '애초에 노 관장의 아버지인 노태우 전 대통령의 비자금이 사돈인 SK 선대 회장 쪽으로 흘러 들어갔으니 부부가 골고루 기여도가 있다'며 노 관장의 기여를 인정했습니다. 이렇듯 재산분할은 함께 모은 재산을 어떻게 나눠 가질지, 내 몫을 100만 원이라도 더 가져갈 순 없을지를 두고 옥신각신하는 과정입니다. 위자료는 잘못한 쪽이 아닌 쪽에게 일방적으로 물어주는 돈이고, 재산분할은 함께 모은 재산을 어떻게 나눠 가질 것인가를 따지는 영역이죠.

이제 하나의 의문이 남습니다. 위자료와 재산분할에 대한 세금은 대체 누가, 어떻게 처리할까요? 위자료를 받은 이는 일종의 소득이 생긴 셈이니 소득세법을 들춰봐야 할까요? 하지만 소득세법은 '정신적 손해배상'에 세금을 붙이고 있지 않습니다. 다친 마음을 위로하려 금융 치료를 하는 건데 거기에 세금을 붙여버리면 너무하잖아요. 그래서 위자료에는 소득세가 붙지 않습니다.

현금이 아닌 부동산으로 위자료를 지급한다면 어떨까요? 세법은 이 행위를 '자산이 양도'된 일이라고 판단합니다. 즉 양도를 진행한 사람이 양도소득세를 납부하는 구조예요. 다만 이 경우엔 받는 사람도 세금을 내야 합니다. 부동산을 얻었으니 취득세도 따라오는 겁니다.

재산분할의 경우는 좀 달라요. 하나였던 재산을 쪼개는 것이니 별도의 세금이 발생하지 않습니다. 다만 부동산에는 세금이 붙습니다. 부동산을 재산분할하게 되면, 등기에도 "재산분할청구에 따른 소유권 이전"이라는 내용이 찍혀요. '소유권 이전'이라는 표현에 걸맞게 받는 사람이 취득세를 납부해야 합니다. 이때는 양도소득세가 발생하지 않아요.

주식 증여,
절대 재벌들만 하는 게 아니다?

주식 증여

"아들딸아 주식 받아라"…하락장 오자 바빠진 오너들

《머니투데이》, 2024.06.04.

잠깐 재벌가 이야기를 엿볼까요? 주가가 떨어지면 오너들은 일제히 분주해집니다. 주가 하락기는 증여세를 적게 떼고 주식을 넘겨줄 수 있는 찬스거든요.

주식 증여세는 시가로 계산합니다. 상장된 주식의 경우, 증여일 전후 2개월간 공표된 매일매일의 한국거래소 최종 시가(종가)를 보죠. 금액의 평균을 따져야 하거든요. 만약 2025년 10월 4일에 증여를 진행한다면, 2개월 전인 8월 5일부터 2개월 후인 11월 3일까

**주식 시가에 따라,
증여세는 드라마틱하게 달라진다**

시가는?	평균 주가 10만 원	평균 주가 5만 원
증여할 주식 수	5,000주	
과세표준	5억 원	2억 5,000만 원
최종 증여세	9,000만 원	4,000만 원

평균 주가 자체는 10만 원에서 5만 원으로 '절반'인데,
부담하는 증여세는 절반 이하로 똑 떨어지죠?

지의 종가를 따져 평균을 내는 식이에요.

대체 증여세가 얼마나 할인되길래 부랴부랴 움직이는 걸까요? 오너의 마음으로 계산해봅시다. 평균 주가가 10만 원일 때 자녀에게 5,000주를 넘기면 5억 원을 증여하는 게 돼요. 내야 할 증여세는 9,000만 원이고요. 그런데 평균 주가가 5만 원일 때 5,000주를 넘기면? 증여세는 절반보다 훨씬 아래인 4,000만 원으로 변합니다. 오너들의 지분 단위는 더 클 테니 증여세 할인율도 훌쩍 높아질 거예요.. 이러니 서두를 수밖에요!

투자자들은 한껏 씁쓸할 텐데, 정작 오너들은 세금으로 이득을 본다니. 황당한 마음이 들기도 합니다. 하지만 주식 증여는 기업 오너들만의 이야기가 아니에요. 부부 간 6억, 부모 자식 간에 5,000만 원의 증여재산공제가 제공된단 사실만 기억하면 우리도 주식 증여를 활용할 수 있습니다.

목돈 굴려 세테크까지! 똑똑한 주식 증여법

이제 막 성년이 된 자식을 둔 김미래 씨의 어머니는 큰 결심을 합니다. 자신이 정년까지 차곡차곡 모아둔 주식을 미래 씨에게 넘겨주기로요. 성인이 되었으니 주체적으로 자신의 경제 상황을 관리하고, 주식을 통해 세상을 읽는 법을 배우길 바란다는 이야기도 덧붙이려 해요. 주식을 팔아 현금으로 주기보다는, 주식 그 자체를 증여하겠다고 마음 먹은 겁니다.

마침 미래 씨의 어머니는 기회의 아이콘인 해외주식 엔비디아를 저렴할 때 사뒀어요. 오래 보자는 마음으로 묵혀뒀는데, 엔비디아의 가치가 폭등한 겁니다. 주당 1만 원에 샀던 엔비디아는 이제 주당 17만 원을 호가하는 든든한 종목으로 변했어요. 이때 미래 씨의 어머니가 100주를 보유했고, 이 100주를 팔아 양도차익을 노린다면 어떻게 될까요? 국세청이 양도소득세 영수증을 달랑달랑 들고서 달려오겠죠. 미래 씨 어머니는 양도차익 1,600만 원의 22%인 352만 원을 세금으로 뚝 떼야 하고요. 가슴이 절로 아려오는 금액이네요.

반면 미래 씨에게 증여할 때는 이야기가 달라집니다. 증여를 받은 미래 씨는 1,700만 원짜리 자산을 획득한 셈인데요. 말했다시피 부모 자식 간엔 5,000만 원의 증여재산공제가 제공되니 증여세조차 떼지 않아요. 게다가 미래 씨가 최소 1년이 지난 뒤 2,000만 원까지 오른 엔비디아를 팔아 양도차익을 본다면, 미래 씨는 1,700만 원과 2,000만 원의 차이인 300만 원에 대한 세금만 내도 됩니다. 국세청에서 미래 씨의 주식 취득금액을 어머니의 애초 취득금액인 100만 원이 아니라 어머니가 증여해준 시점에서의 가치인 1,700만 원으로 인정해주거든요. 세상 황홀한 절세법이죠?

그런데 한 가지 변수가 생겼습니다. 어머니는 거품이 다 빠져 주가가 안정적으로 가라앉은 줄 알고 미래 씨에게 주식을 줬는데, 웬걸. 주가가 계속해서 떨어지는 겁니다. '조금만 더 있다가 증여할걸!' 하는 아쉬움이 들 텐데요. 다행히 증여일로부터 3개월이 지나지 않았다면 기회가 있습니다. 주식을 줬다 뺏어도 증여세를 매기지 않는 기간이 있기 때문이에요.

증여세 신고 기한은 증여일이 속하는 달의 말일로부터 3개월 이내입니다. 1월 3일에 증여했다면, 4월 31일까지 증여세 신고를 마쳐야 합니다. 증여세 신고 기한 내에 신고를 마쳤더라도 당사자 간

합의에 따라 4월 31일 이전에 증여를 취소한다면 아예 증여를 하지 않은 것으로 봐요. 어머니가 미래 씨에게 증여한 자산과 미래 씨가 어머니에게 반환한 자산 모두 증여로 보지 않습니다. 증여 실시 후 3개월 안에 평균 단가가 더 떨어졌고, 바로 반등할 가능성이 없다면 기존의 증여를 취소하고 다시 기회를 노려 증여하는 게 증여세 측면에서 더 유리합니다.

이렇게 주식 증여 이야기를 할 때 빠지지 않는 질문도 있어요. 바로 현금화에 관한 건데요. 가령 주식 증여가 완료된 상황에서 어머니에게 갑자기 목돈이 필요한 일이 생겼다고 가정해봅시다. 미래 씨가 주식을 매도해 현금을 만들고, 어머니에게 건네드리면 어떨까요? 안타깝지만 이 효도법은 쓸 수 없습니다. 2024년 12월 31일까지는 증여 후 바로 양도가 가능했어요. 주식을 받자마자 미래 씨가 그 주식을 매도해 현금화를 이룰 수 있었단 뜻입니다. 하지만 2025년 1월 1일부터는 법이 바뀌었어요. 이제는 증여로부터 1년이 지나야 주식 양도를 진행할 수 있답니다. 즉 미래 씨는 엔비디아 주식을 적어도 1년은 보유하다 팔아야, 취득가액을 어머니가 취득했을 때의 가격 100만 원이 아닌 1,700만 원으로 인정받을 수 있어요. 또 이렇게 현금화한 돈을 다시 어머니에게 돌려드린다면 증여로 판단됩니다. 자칫 해외주식 양도소득세를 피하기 위해 이런 방식을 취한 거라고 보일 수 있으니까요. 국세청이 엄격히 감시

세상 친절한 세금 수업

하는 부분이에요.

주식을 돈으로 환산해 생각하는 분이 많은 만큼, 가끔 현금 증여를 주식을 주고받을 때처럼 처리해도 문제가 없을 거라 여기는 경우도 있습니다. 가령 A씨가 가족 B씨에게 현금을 계좌이체하며 증여를 진행했다고 쳐봅시다. 증여세 신고 마감 기한인 3개월이 지나기 전, B씨가 다시 A씨에게 현금을 계좌이체해주며 '증여를 취소'하는 일은 가능할까요? 여러분도 예상했겠지만 불가능합니다. 지금까지 설명한 '3개월 반환'은 주식, 부동산 등의 자산에만 해당한다는 점! 현금은 제외라는 걸 잊지 마세요.

내가 받을 수 있는 상속재산은
얼마일까?

상속재산과 상속세

여러분은 '상속'이라는 단어를 어디서 가장 흔히 접하나요? 아마 드라마나 영화 속일 겁니다. 저는 2024년 넷플릭스에서 화제를 모았던 드라마 〈선산〉을 흥미롭게 봤어요. 한 남자의 죽음으로 치열한 상속의 굴레가 시작되고, 끝내 살인 사건까지 벌어지는 내용이죠. 굳이 〈선산〉이 아니더라도 상속 이야기는 다양한 콘텐츠에 사용되는 단골 소재입니다. 법적으로 상속받을 권한이 있는 사람이 누구인지, 저 부동산과 별장과 아버지의 땅이 네 것인지 내 것인지 말씨름하는 장면! 살면서 수십 번은 봤을 거예요.

사실 상속은 우리 모두의 문제입니다. 드라마에나 등장하는 남 일이 결코 아니에요. 암만 "물려받을 게 없다, 쪼들리며 산다" 할

지라도 결국 살면서 한 번은 상속 문제를 맞닥트리게 됩니다. 설령 상속세가 0원이라 해도 신고 자체는 진행해야 하죠. 참고로 상속 재산을 계산하는 여정이 시작되는 날인 '상속개시일'은 피상속인(재산을 물려주는 사람)이 사망한 당일이에요. 그러니 미리 배워둬야 상속이라는 파도가 덮쳐올 때도 혼비백산하지 않을 수 있습니다.

상속, 무턱대고 싸우는 일이 아닙니다

상속재산은 돌아가신 분이 남긴 돈입니다. 꼭 현금이 아니더라도 금전적인 가치를 지닌 물건, 부동산 등이 모두 포함돼요. 이걸 물려받을 수 있는 사람도 전부 정해져 있고요. 아무나 와서 '그거 내가 받겠다'고 우길 수는 없죠.

우선순위 1위는 직계비속인 자녀 및 손자녀 등입니다. 2순위가 직계존속인 부모 및 조부모 등이고요. 피상속인에게 배우자가 있다면 배우자도 우선순위의 꼭대기에 한 자릴 마련해요. 1순위 자녀 및 2순위 부모와 함께 상속을 받는 식이죠. 1순위가 없다면 2순위인 부모와 함께 받고요. 자녀도, 부모도, 배우자도 없다면 상속재산은 3순위인 형제자매에게 돌아갑니다. 4순위도 있어요. 4촌 이내의 방계혈족인 삼촌, 고모 및 사촌형제자매예요.

상속은 어떤 방법으로 이뤄질까요? 먼저 법적으로 유효한 유언이 있는지를 따집니다. 그 유언을 따라 차근차근 상속을 진행하는 거예요. 유언이 없을 경우, 가족들끼리 협의를 통해 재산을 분할하는 게 가능해요. 이걸 협의분할이라고 부르는데요. 협의분할은 상속인 전원의 협의를 도출해야 합니다. 협의가 불가능할 때 안타깝지만 상속재산분할 청구소송으로 이어지게 되고요. 이 소송이 바로 우리가 상속 하면 떠올리기 마련인 '상속 싸움'이에요.

본격적인 상속 싸움을 알아보기 전에, 잠깐. 이것도 다 물려받을 재산이 있을 때 가능한 이야기겠죠? 만약 피상속인이 남긴 재산보다 부채(빚)가 많을 땐 어떻게 해야 할까요? 이때는 '한정승인'이나 '상속포기'를 진행하면 돼요. 한정승인은 상속을 받긴 하지만 피상속인의 재산 범위 내에서 빚을 갚겠다는 조건부 상속입니다. 남긴 재산이 5억이고 남긴 빚이 10억일 땐 한정승인 진행 시 상속받을 돈이 없습니다. 남긴 재산이 7억이고 빚이 5억인데 한정승인을 진행한다면 빚을 제외한 재산 2억만을 상속받게 되고요.

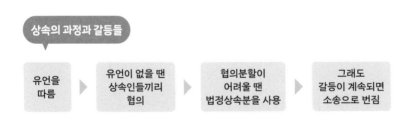

상속의 과정과 갈등들

| 유언을 따름 | → | 유언이 없을 땐 상속인들끼리 협의 | → | 협의분할이 어려울 땐 법정상속분을 사용 | → | 그래도 갈등이 계속되면 소송으로 번짐 |

세상 친절한 세금 수업

반면 상속포기는 상속재산과 빚을 일괄적으로 포기하는 형태입니다. 세 명의 동순위 상속인이 있는데 그중 한 명만 상속포기를 선언하면 나머지 두 명이 지분에 따라 상속포기자의 몫을 받아가요. 상속포기는 '상속을 받는 사람이 있을 때까지' 순위가 계속 넘어갑니다. 4순위 상속인까지 전부 포기한다면 재산이 국가에 귀속되죠. 재산보다 빚이 많은 경우, 일반적으로는 동순위 상속인 중 한 명이 한정승인을 하고 나머지 상속인들이 상속포기를 선언해요.

상속은 이렇게 이뤄집니다

유언 없이 재산을 남기고 떠난 최대감 할아버지의 예를 통해 상속의 과정을 쉽게 알아봅시다. 최대감 할아버지에게는 평생을 함께한 아내 김상냥 할머니가 있고, 미혼 자녀도 세 명 있습니다. 남은 가족인 네 명이 상속받게 된 대감 할아버지의 재산은 채무 없는 9억 원이에요. 이 9억 원, 어떻게 나눠야 잘 나눴다고 소문이 날까요?

사실 상속재산을 공평하게 척척 나누는 법적인 기준은 이미 마련되어 있습니다. '법정상속분'이라는 녀석이에요. 다만 법에서 제안하는 기준일 뿐이라, 상속인 간에 협의만 잘 된다면 법정상속분

가이드를 지키지 않아도 괜찮습니다.

최대감 할아버지네 가족은 최대한의 공정을 위해 법정상속분대로 재산을 나누기로 협의했어요. 법정상속분은 기본적으로 한 명당 1의 비율로 돈을 가져가는 구조인데요. 피상속인의 배우자는 특별히 1.5의 비율로 가져갈 수 있습니다. 만약 돌아가신 아버지의 재산이 3억 5,000만 원이고 상속인이 자매 둘뿐일 때 (법정상속분을 따를 경우) 1:1의 비율로 각각 1억 7,500만 원을 받아요. 어머니가 있다면 1:1:1.5의 비율로 자매는 1억 원씩을, 어머니는 1억 5,000만 원을 가져가는 식이죠.

최대감 할아버지네 비율도 동일합니다. 간단히 법정상속분을 정리해볼까요?

남은 가족 네 명의 몫을 비율화: 1 + 1 + 1 + 1.5 = 4.5

김상냥 할머니의 몫: 9억 원 × 1.5 ÷ 4.5 = 3억 원

각 자녀의 몫: 9억 원 × 1 ÷ 4.5 = 2억 원

깔끔하게 끝났네요. 하지만 모든 일이 깔끔하게 마무리된다면 왜 상속으로 불화가 벌어지겠어요. 가족 간에 다툼이 일어나는 건 대부분 '특별수익(사전증여 중 상속분을 미리 준 것으로 볼 수 있는 것)' 때문입니다. 최대감 할아버지네 가족도 이 경우에 속했어요.

세상 친절한 세금 수업

할아버지의 재산 흐름을 조사해본 결과 대감 할아버지가 돌아가시기 전 첫째 아들 최장남 씨에게만 전세 보증금과 유학비 등을 2억 2,500만 원이나 지원해줬던 겁니다. 다른 가족들은 구경도 못 해본 돈인데 말이죠.

이럴 땐 보통 '미리 지원받은' 자산을 합산해서 다시 상속재산을 따져요. 남은 재산 9억 원에 장남 씨가 미리 받은 돈을 더해 11억 2,500만 원으로 계산을 재시작하는 거죠. 형제들은 1씩 가져가고, 배우자 김상냥 할머니는 1.5를 가져갑니다. 장남 씨도 1을 받되 미리 받은 2억 2,500만 원을 제외한 돈을 가져가요.

결국 김상냥 할머니는 3억 7,500만 원을, 다른 형제 두 명은 2억 5,000만 원씩을, 장남 씨는 2억 5,000만 원에서 일찍이 지원받은 2억 2,500만 원을 뺀 단돈 2,500만 원을 가져가게 되었어요. 아직 끝이 아닙니다. 돈을 받았던 게 몇 년 전이라면, 물가 상승률을 고려한 금액을 도출해 계산하기도 하거든요. 장남 씨의 상속분이 2,500만 원보다 낮아질 수도 있는 겁니다.

현금이 아닌 부동산을 사전에 받았다면 어떨까요? 부동산에도 역시 현재 물가를 반영합니다. 만약 10년 전에 경기도에 있는 땅 1억 원어치를 증여받았는데 해당 땅의 가치가 상속개시일인 현재에 4억 원까지 상승했다면? 상속재산 계산 시 특별수익은 1억 원이 아니라 4억 원으로 계산돼요. 단, 미리 준 증여재산이 모두 특별수익에 해당하는 건 아닙니다. 생전의 증여가 '장차 상속이 발생했을 때의 상속재산 중에서 그의 몫을 미리 주는 것'이라고 볼 수 있을 정도여야 해요. 생활비나 교육비처럼 일반적인 지원금은 포함되지 않죠.

참, '기여분'도 놓쳐선 안 됩니다. 피상속인과 상당한 기간 동거하며 간호 등의 방법으로 그를 특별히 부양한 경우, 혹은 피상속인의 재산을 유지하거나 증가시키는 데 기여한 경우엔 상속재산을 분배하기 전에 기여분부터 쏙 빼서 받을 수 있어요. 예컨대 김상냥 할머니가 결혼생활 내내 일을 하지 않는 최대감 할아버지를 부양하며 공동생활비용을 부담해왔고, 말년에는 할아버지의 병원비까지 내면서 혼자 간병했다면 상냥 할머니의 기여분이 인정됩니다. 일반적인 간병과 부양보다도 더 '특별한' 기여여야 해요.

상속세는 더치페이

상속재산을 분배한 후엔 국세청에도 알려야겠죠. 상속세는 더치페이가 원칙입니다. 피상속인이 남긴 재산 전체에 대한 세금을 상속인들이 함께 납부하되, '본인이 가져간 지분의 비율대로' 각자 내는 구조예요. 결국 상속재산을 많이 가져간 사람이 세금도 더 내

세상 친절한 세금 수업

한눈에 보는 상속세 계산

총상속재산가액 (추정상속재산 포함)

- 공과금, 장례비용, 채무
+ 생전에 증여한 재산 (사전증여재산)
- 각종 공제
× 세율

= 상속세

게 되죠.

상속세 계산 구조는 생각보다 간단해요. 이것저것 더하고 뺀 후 공제만 적용해주면 끝난답니다. 우선은 '총상속재산가액'을 구해야 해요. 상속개시일 당시에 존재하는 피상속인의 모든 재산, 보험금, 퇴직금 등을 더해주고, '추정상속재산'도 합산합니다.

추정상속재산은 피상속인이 사망 전에 재산을 처분하거나 현금을 인출하면서 큰 돈이 생겼는데, 이 돈이 상속 당시엔 없어졌을 경우 상속인이 가져갔다고 추정하는 재산이에요. '그런 게 어딨어?'라는 생각이 들겠지만, 한번 추정상속재산이 없는 세계를 상상해보세요. 부동산을 팔아 10억의 현금을 만든 왕부자 씨가 사망한 후 그의 아들에게 갑자기 10억 원의 현금이 생겼다면? 국세청이 '그 돈 어디서 났죠?'라고 물어도 '제가 모았는데요'라는 대답이 돌아올 겁니다. 상속세를 회피할 구멍이 생기는 거예요.

입증되지 않은 재산 전체를 무작정 더해버리는 건 아니에요. 현실적인 책정 기준이 다 마련되어 있습니다. 재산 종류별로 입증되지 않은 금액이 1년 이내 2억 이상, 2년 이내 5억 이상인 경우에만 사용처를 소명해야 합니다.

추정상속재산까지 정리했다면 뺄셈을 할 차례입니다. 우선 공과금을 빼줘요. 피상속인이 납부해야 할 의무가 있는 세금, 공공요금 등을 국가에 납부해야 하니까요. 장례를 치르는 데 직접 들어간 돈과 봉안시설 사용에 소요된 돈 등 장례비용도 공제해줍니다. 채무가 존재한다면 마찬가지로 빼주고요. 피상속인이 개인적으로 빌렸던 돈이 있을 땐 그 금액도 빼주는데, 차용증과 이자지급증빙 등이 꼭 필요합니다. (차용증의 중요성, 새삼 와닿지 않나요?)

뺄셈을 마쳤다면 다시 '사전증여재산'을 더해줍니다. 피상속인이 상속개시일 전 10년 이내에 상속인에게 증여한 재산과 상속인이 아닌 사람에게 5년 이내에 증여한 재산을 합쳐주면 돼요. 즉 부모님께 증여를 받으며 증여세를 냈다 해도 10년 내에 부모님이 돌아가시면 재정산을 하게 되는 거죠. 이 때문에 상속세를 걱정하는 부자들은 건강할 때 10년 단위로 증여 계획을 세우고, 빨리빨리

실천한답니다.

상속세에도 물론 공제 혜택이 존재합니다. 일단은 일괄공제가 5억 원 제공되고요. 피상속인의 배우자가 살아있다면 배우자공제로 최소 5억, 경우에 따라 최대 30억 원까지 공제가 들어와요. 피상속인과 동거한 주택을 상속받는다면 '동거주택 상속공제'를 적용해주는 등의 실속 공제 혜택도 누릴 수 있습니다. 이렇게 계산을 마친 금액이 바로 상속세의 과세표준이에요. 이 금액에 세율을 곱해주면 끝입니다. 이후엔 상속인들이 각자의 상속 비율에 맞춰 세금을 떼어 납부하게 되죠. 참, 상속세 세율은 앞서 배운 증여세와 동일하답니다.

상속세 세율

과세표준	세율	누진공제
1억 원 이하	10%	-
1억 원 초과~5억 원 이하	20%	1,000만 원
5억 원 초과~10억 원 이하	30%	6,000만 원
10억 원 초과~30억 원 이하	40%	1억 6,000만 원
30억 원 초과	50%	4억 6,000만 원

상속세 논란은 계속되는 중

사실 상속세를 둘러싼 불만은 꾸준히 이어지고 있어요. 논지는 종부세와 비슷합니다. 최대 50%의 세율을 매기는 상속세가 너무 부담스럽다는 거예요. 상속세의 체계 자체를 개편해야 한다는 아우성도 나날이 커지는 추세죠. 실제로 국세 통계에 따르면 사망자 대비 상속세를 납부하는 인원은 점점 늘어나는 중입니다. 이유는 강산이 몇 번 바뀔 동안 꿈쩍도 하지 않은 공제 금액 때문인데요. 상속세에 따라붙는 공제 혜택은 1997년부터 2024년까지 한 차례도 변하지 않았어요. 반면 화폐가치가 상승하면서 사람들이 보유하는 재산의 금액대는 차츰 높아졌고요. 1997년 12월의 1만 원은 2024년 12월의 2만 원에 가깝답니다(통계청 홈페이지의 화폐가치 계산기에 따랐고, 공식 계산은 아니에요).

상속세 개편안은 그간 여러 차례, 여러 방향으로 제시된 바 있습니다. 최근에는 최고세율을 50%에서 40%로 인하하는 등의 개정안이 추진될 기미를 보였다가 최종적으로는 무산되었어요. 한편 또 다른 대안도 물살을 타는 중입니다. 세금을 매기는 방식 자체를 바꿔 상속세 납세자 전체의 부담을 덜어주겠다는 조정안이죠. 지금은 국세청이 '상속재산 전체'에 대한 상속세를 매기면 상속인들이 세금을 알아서 나눠 내는 식으로 과세하는데요. 개편을

세상 친절한 세금 수업

통해 납세 방식이 바뀌면 각 상속인이 '내가 물려받은 금액'에 대해서만 세금을 내게 돼요. 한층 직관적인 데다 세금 부담이 낮아지는 효과를 낳습니다. 물론 이 개편 방향을 두고서도 이런저런 찬반 의견이 오가는 중이고요.

상속 이슈는 시간이 지나면 지날수록 우리 모두의 고민거리가 될 거예요. 시사 상식으로는 이미 다뤄지고 있어요. 그렇다 해서 '나만 모르는 건 아닐까, 다들 이해하는데 나만 전혀 못 알아듣는 건 아닐까' 하고 전전긍긍할 필요는 없습니다. 이번 장에서 상속세의 개요와 구조를 착착 정리해뒀잖아요? 여러분은 탄탄한 베이스를 확보한 셈입니다. 망설이지 말고 뉴스 기사부터 클릭해보세요.

평범한 부동산도 두 번 들여다보자!
부동산 상속에 비밀이 있다고?

부동산 상속

저는 세무사라는 이유로 종종 친척들의 상속 처리를 도맡곤 해요. 할아버지가 돌아가셨을 때도 마찬가지였죠. 할아버지는 재개발이 예정된 지역에 상가주택을 한 채 보유하고 계셨습니다. 한참 예전에 직접 지은 주택이라 취득가액(주택을 얻은 가격)은 1억 원에 불과했습니다.

해당 주택 외에 할아버지의 다른 재산은 크게 없었어요. 할머니도 살아계셔서 상속세에 대한 배우자공제까지 받을 수 있었습니다. 가족들은 제게 물었습니다. "어차피 상속세가 나오질 않을 텐데, 세금 신고를 꼭 해야 할까?" 제 대답은 '해야 한다'였습니다.

앞서 언급했듯 내야 할 상속세가 0원이라 해도 상속세 신고 자체는 진행할 수 있습니다. 그리고 대부분의 경우 진행하는 게 좋고요. 더 자세히 설명해볼게요. 상속세를 신고할 때, 상속받은 자산의 가치는 상속개시일 당시의 시가를 기준으로 삼습니다. 즉 부동산을 물려받았다면 상속개시일 전후 6개월 동안 해당 자산에 매겨진 매매·감정·경매·공매 금액 등을 시가로 보는 거예요. 기준시가가 10억이 넘는 부동산이라면 두 개 이상의 감정평가 기관에 의뢰해 감정을 받아야 하고요. 해당 자산의 매매·감정·경매·공매 금액이 없다면 유사자산의 가치를 따집니다. 여기까지는 부동산과 증여를 공부할 때 배운 내용이라 익숙하죠?

할아버지와 1억짜리 상가 건물의 사례로 돌아갑시다. 만약 상속세 신고를 패스한다면, 해당 주택의 가치는 할아버지가 주택을 지었던 당시의 가격인 1억 원인 채로 남아있게 됩니다. 그런데 재개발이 진행되어 땅값이 오르면 어떻게 될까요? 당연히 건물 가격이 10억 원쯤으로 솟구치겠죠. 이때 제 가족들이 건물을 양도할 경우 9억 원의 양도차익이 발생해요.

건물을 판 가격 – 건물을 얻은 가격 = 양도차익
할아버지의 상가 건물에 대한 양도차익: 10억 원 – 1억 원
= 9억 원

양도소득세 역시 9억 원을 기준으로 납부해야 하고요.

그런데 상속세 신고를 해뒀다면 상황이 달라져요. 한번 상속세 신고를 완료한 상황을 들여다봅시다. 저는 상가주택의 시세를 알기 위해 상속개시일 당시에 감정평가를 받았어요. 평가 결과에 의하면 건물의 시가는 8억 원이었습니다. 이후 상속세를 신고하며 배우자공제 등을 적용했더니 세금은 0원이었어요.

신고를 하든 말든 어차피 세금은 안 내는데, 왜 이렇게 돌고 돌아 처리하는 걸까요? 이유는 간단합니다. 아까와 달리 건물의 공식적인 가치가 '1억 원'이 아니라 '8억 원'으로 고정되거든요. 추후 10억 원에 건물을 팔아도 양도차익이 2억 원으로 계산되는 거예요. 파격적인 절세 효과가 체감되죠?

상속세, 뒤늦게 신고할 수 있을까?

저는 가벼운 맘으로 상속세 신고를 패스해버렸다가 뒤늦게 세금 문제에 휘말린 분들의 다급한 질문도 자주 받습니다. '상속받을 때 어차피 세금이 안 나오니 세금 신고를 안 했는데, 몇 년 지나 상속받은 부동산을 양도하려고 보니 양도소득세가 너무 많이 나올 것 같다'며 상속세 기한후신고가 가능하냐고 묻는 질문이 대부분이죠.

상속세 신고를 하지 않으면 어떻게 될까요? 세무서가 알아서 상속세를 '결정'해버립니다. 상속세가 0원이라 낼 세금이 없으면 상속세를 신고하지 않는 분들이 많은데, 이때 부동산 같은 재산이 존재할 시 세무서가 대신 결정을 해두는 거예요. 부동산의 경우엔 보통 기준시가를 따릅니다. 그런데 여러분도 알다시피 기준시가는 시세보다 저렴하게 매겨지는 경우가 많죠?

건물을 판 가격 – 건물을 얻은 가격 = 양도차익

↳ 으로 기준시가를 쓰면
양도차익이 커짐!

양도소득세가 많이 나오는 건 이런 이유에서입니다. 다만 나도 모르는 새에 부동산의 가액이 정해졌기 때문에, 나중에 상속세 신고를 다시 하는 건 불가능해요. 때를 놓쳤다는 이유로 재산 손해를 보는 일은 없어야겠죠?

생각만 해도 무서운 상속세,
미리 대비할 수 있을까?

2차 상속과 연대납세의무, 보험 활용법까지

여기까지 오는 동안 여러분의 머릿속에도 지금껏 모른 채 살았던 세금에 대한 걱정들이 둥실둥실 떠올랐을 겁니다. 걱정을 시작했단 건 절세에 눈을 떴단 증거이니 너무 끙끙 앓을 필요는 없어요. 무시무시하게만 보이는 상속세도 다 미리 대비할 수 있거든요.

2차 상속까지 똘똘하게 대비하자

상속세 신고를 할 때, 피상속인의 배우자가 살아있다면 최대 30억 원까지 배우자공제를 받을 수 있어요. 예컨대 한 가정의 아버지가 사망해 배우자와 자녀 두 명이 40억 원을 상속받는 상황을 떠올려봅시다. 배우자공제를 최대한 받으려면 배우자가 40억 원에서 법정상속분으로 약속된 1.5에 해당하는 약 17억 원을 가져가면 됩니다. 이러면 당장의 세금은 적게 나올 거예요.

그런데 상속 후 몇 년 뒤, 어머니까지 사망하면 상속세 신고를 또 해야 합니다. 상속세를 덜 내기 위해 어머니에게 분배했던 17억 원에 대한 상속세 계산이 다시 시작되는 거죠. 이번에는 배우자공제도 없고, 일괄공제(5억 원) 혹은 자녀공제밖에 적용되지 않아요. 게다가 기존에 어머니가 갖고 있던 재산에 17억 원을 더한 금액 전체에 대한 상속세를 신고하고 납부해야 하니 세금이 엄청나게 뛰겠죠?

자, 2차 상속에 대비하는 세금 팁을 알아봅시다. 피상속인의 배우자에게 상속을 할 때는 부동산보다 현금을 주는 것이 좋아요. 부동산에서는 임대수익이 나올 수도 있고, 자산의 가치가 계속해서 올라갈 수 있기 때문이에요.

예를 들어 현금 10억 원을 받았을 때와 10억 원짜리 부동산을 받았을 때를 비교해볼까요? 현금 10억 원은 가치가 상승하지 않아요. 그러니 2차 상속 때도 10억 원에서 사용한 금액만큼을 뺀, 남은 예금의 잔액만 상속재산으로 합산될 겁니다. 하지만 10억 원짜리 부동산은 가치가 상승하니, 상속세 신고 시에 상속재산의 가액을 높일 거예요. 10억 원짜리 부동산이 15억 원으로 쑥쑥 올라선다면 상속재산도 5억만큼 늘어나겠죠. 따라서 배우자에겐 부동산보다 현금을 주는 게 더 살뜰한 선택이에요.

배우자가 현금을 많이 받은 뒤, 현금으로 자식들의 상속세까지 내줄 수도 있어요. 이걸 **연대납세의무**라고 합니다. 일반적으로 다른 사람의 세금을 대신 내주면 세금에도 증여세가 발생하지만, 상속세는 연대납세의무가 있기 때문에 '받은 재산을 한도로' 다른 상속인의 세금을 대신 내줘도 문제가 없어요.

방금 살펴본 40억 원의 상속재산을 어머니와 자녀들이 나눠 갖는 상황을 생각해볼까요? 어머니가 현금 10억 원, 자녀들이 부동산 30억 원을 가져간 결과 상속세가 6억 4,000만 원 나왔다면 어머니가 현금 10억 원으로 6억 4,000만 원의 세금을 전부 내면 돼요. 이러면 어머니는 최종적으로 3억 6,000만 원의 현금만을 받아가기 때문에 2차 상속이 일어나도 상속세 부담이 덜할 테고요.

상속 꿀팁 = 종신보험 활용!

저는 세무사이기도 하지만 MDRT 보험설계사이기도 합니다. 소위 '보험왕'이라고 불리는 보험설계사인데요. 세무사인 제가 보험설계사 일을 병행하는 이유는 세금과 보험이 떼려야 뗄 수 없는 관계이기 때문입니다. 보험을 활용한 여러 절세 방안이 있지만, 여기서는 **종신보험**으로 상속세를 대비하는 방법을 간단히 설명해 볼게요.

보험은 넣은 돈에 비해 받는 돈이 많은 '레버리지 효과'가 있습니다. 특히 종신보험은 '사망'에 돈을 주는 보험인데, 모든 사람은 죽기 때문에 끝까지 유지하기만 한다면 돈을 벌게 돼요. 그래서 납입을 유지할 수 있을 정도로 종신보험에 가입하는 건 레버리지 효과를 톡톡히 볼 수 있는 방법이에요. 국세청에서도 책자를 통해 '상속을 대비할 땐 보장성보험을 활용하라'고 안내할 정도랍니다.

일반적인 보험은 본인이 본인을 대상으로 가입하고, 본인이 납부하고, 수익자가 상속인이 되는 구조예요. 이럴 때 사망보험금은 수익자에게 상속되기 때문에 상속인들은 받은 보험금에 대한 상속세를 내야 하죠.

그런데 애초에 상속 재원을 마련하기 위해 준비하는 보험은 계약자를 자녀로, 피보험자를 부모로, 수익자도 자녀로 세팅하는 구조가 됩니다. 이러면 부모가 사망했을 때 자녀는 본인이 낸 돈을 기반으로 한 보험금을 수령할 수 있어요. 이 보험금은 '상속받은 돈'이 아니라 '내가 보험료를 내고 얻은 수익'이기 때문에 상속세도 떼지 않죠. 단 이런 세팅에는 대전제가 존재합니다. 자녀가 직접 계약하고 보험료도 직접 내야 한단 거예요. 실질적으로 부모님이 보험금을 내주는 상황이라면 추후 상속세가 다 나온답니다.

보험을 이용한 상속세 세팅에는 이득이 한 가지 더 있어요. 여러분도 알다시피 일반적인 상속에선 재산과 채무를 모두 물려받습니다. 채무가 재산보다 큰 경우엔 상속인 중 한 사람이 '한정승인'을 하여 피상속인의 빚을 일부 갚고, 물려받을 재산이 0원인 채로 끝나죠. 그런데 보험금을 이용하면 한정승인을 해도 돈이 들어올 때가 있습니다. 말했다시피 보험금은 (비록 피상속인의 사망으로 인해 생겨난 돈이라 해도) '상속받은 돈'이 아니라 '내가 보험료를 내고 얻은 수익'이잖아요.

내 '최애'에게 사망보험금을 남기는 법

상속보험의 특이한 기능 중 하나는 수익자를 지정할 수 있단 겁니다. 시간이 한참 흐르고 흘러 가정을 꾸린 김성실 씨가 자녀 두 명을 낳았다고 가정해봅시다. 첫째도 사랑하지만, 성실 씨는 늘 둘째에게 괜히 마음이 쓰여요. 아픈 손가락 같은 존재죠. 이런 상황에서 성실 씨의 상속재산을 둘째에게 조금 더 챙겨주는 방법은 없을까요?

정답은 상속보험의 '수익자지정'에 있습니다. 문자 그대로 상속보험을 활용해 둘째를 수익자로 '지정'해주면 돼요. 성실 씨가 납입하든, 둘째가 납입하든 해당 보험금은 둘째만의 고유한 재산이 됩니다.

하지만 자식 입장에서는 부모님께 이런 방식을 제안하기가 쉽지 않아요. "엄마, 아빠. 생각해봤는데, 저희 상속세 많이 나올 것 같죠? 이제 제가 두 분 사망보험금 한번 내볼게요!" 하고 대뜸 말을 꺼내면 불효로 보일 수밖에 없으니까요. 그러니 가족이 함께 논의를 거친 후, 어디까지나 '재산을 지키는 하나의 방안'으로 보험을 활용하는 걸 권장합니다.

슬기로운 세금 생활을 응원하며

돈을 버는 것도 중요하지만, 나가지 않아도 될 돈을 아끼는 것도 중요합니다. 저는 세무사로 일하면서, 안 내도 되는 세금을 '몰라서' 더 내버린 경우를 너무 많이 봅니다. 이럴 땐 참 안타깝습니다. 돈에 관한 모든 중요한 결정을 하기 전에 세무사에게 딱 한 번만 상담을 받았더라면, 혹은 세금 공부에 조금만 공을 들였더라면 큰돈을 아낄 수도 있었을 테니까요.

여러분도 이제는 느꼈겠지만, 간단하게는 연말정산을 하거나 사업자등록을 할 때, 나아가서는 부동산이나 주식을 사고팔 때, 가족 간에 돈을 주고받을 때, 상속이 이뤄질 때 등 숨을 쉬며 살아가는 우리의 모든 순간은 세금과 연결되어 있습니다. 오죽하면 미국 건국의 아버지인 벤저민 프랭클린도 '피할 수 없는 것 두 가지'로 죽음과 세금death and taxes을 꼽았겠어요.

인터넷이 발달하고 AI도 발전하면서 손가락 몇 번만 까딱하면 많은 정보를 알 수 있는 시대가 되었습니다. 하지만 정보를 활용하려 해도 기본적인 배경지식이 없으면 어디서부터 어디까지 손대야 할지 막막하기만 할 거예요. 제가 만난 수많은 고객도 하나같이 이런 말씀을 했습니다.

"세금은 잘 몰라서……."

심지어 사업을 10년, 20년간 이어오신 분들도 세금 앞에서는 한없이 작아지곤 해요. 왜 그럴까요? 세금과 관련된 정보를 '필요할 때마다 그때그때 검색해' 알게 되니, 단편적인 토막 지식밖에 습득할 수 없기 때문입니다. 일단 뭐가 어디에 있는지 대충 목차라도 알고 개요라도 익혀둬야 세금에 대한 감을 잡을 수 있어요.

"세무사 될 것도 아닌데, 세금을 꼭 공부해야 하나요?"

이렇게 생각하시는 분도 있을 겁니다. 물론 모두가 전문가가 될 필요는 없어요. 하지만 적어도 세금을 내는 입장으로서 '대체 이걸 왜 내고 있지?' 하고 뜯기는 기분에 휩싸이지 않도록, 때가 왔을 때 얼마를 내면 되는지 미리미리 예측해 대비할 수 있도록, 덜 낼 수 있는 꿀팁이 있다면 바로바로 활용해 지갑을 지킬 수 있도록 열심히 준비해둔다면 평생 함께하는 세금과 친구가 되는 게 가능합니다.

세금은 우리가 사회 구성원으로서 반드시 알아야 할 중요한 주제예요. 그런데 대한민국 국민이라면 누구나 내야 하는 세금에 얽힌 지식을, 왜 정규교육 과정에선 필수적으로 가르치지 않는 걸까요? 이런 의문이 모여 만들어진 것이 바로 '인생 첫 세금 가이드북'인 이 책입니다. 여러분이 책을 통해 세금의 기본 흐름과 구조를 이해하고, 이를 바탕으로 현명한 경제생활을 꾸려간다면 저자로서 더할 나위 없는 기쁨일 것 같습니다.

이 책은 세금 입문서입니다. 입문서인 만큼 어려운 세금 용어를 가능한 한 쉽게 풀어내려 노력했습니다. 책을 끝까지 읽으셨으니 이미 세금에 대한 기본적인 안목이 생겨났을 겁니다. 여러분의 세금 공부가 더 많은 돈을 아끼고, 나아가 경제적 자유로 향하는 발판이 되길 바랍니다.

마지막으로, 책을 만드는 과정에서 큰 도움을 주신 미래의창 조소희 에디터님께 감사의 말씀을 전합니다. 어려운 세금 언어를 누구나 이해할 수 있는 인간의 언어로 바꿔주신 덕분에 이 책이 완성될 수 있었습니다. 퇴근하고 집에 와서 다시 노트북을 열고 글을 쓰는 제 옆을 묵묵히 지켜주며 상속·증여·양도 부분에 대해 아낌없는 조언을 준 동료이자 남편인 김진규 세무사와, 책 마감 때문에 회사를 비울 때도 회사를 든든히 지켜주고, 마지막까지 책의 검수를 도와준 저의 동업자 황재훈 세무사에게도 감사를 전합니다.

막연한 세금의 공포에서 자유로워지는 날까지, 여러분의 슬기로운 세금 생활을 응원합니다.

김현주 드림

세상 친절한 세금 수업
오늘부터 시작하는 인생 첫 세금 가이드북

초판 1쇄 발행 2025년 2월 21일

지은이 김현주
펴낸이 성의현
펴낸곳 미래의창

책임편집 조소희
본문 디자인 강혜민

출판 신고 2019년 10월 28일 제2019-000291호
주소 서울시 마포구 잔다리로 62-1 미래의창빌딩(서교동 376-15, 5층)
전화 070-8693-1719 **팩스** 0507-0301-1585
홈페이지 www.miraebook.co.kr
ISBN 979-11-93638-89-7 (03320)

※ 책값은 뒤표지에 표기되어 있습니다.

생각이 글이 되고, 글이 책이 되는 놀라운 경험. 미래의창과 함께라면 가능합니다.
책을 통해 여러분의 생각과 아이디어를 더 많은 사람들과 공유하시기 바랍니다.
투고메일 togo@miraebook.co.kr (홈페이지와 블로그에서 양식을 다운로드하세요)
제휴 및 기타 문의 ask@miraebook.co.kr